Charles BIÉTRY

LE LIVRE D'OR DU FOOTBALL 1981

Préface de
Dominique ROCHETEAU

Joyeux Noël 1981,
Serge -
Odette Claude.

SOLAR
8, rue Garancière
75006 Paris

ROCHETEAU EN BLEU DE FRANCE A LA LUTTE AVEC L'IRLANDAIS HEIGHWAY
L'œil vers d'autres horizons

ROCHETEAU EN BLEU DE PARIS ENTRE FURLAN ET CHAUVEAU, LES LYONNAIS
Une passion nouvelle

PARI A PARIS
par
DOMINIQUE ROCHETEAU

J'en avais assez de l'AS Saint-Etienne où j'avais perdu l'envie de jouer. J'en avais assez aussi de ce poste d'ailier droit où je me sentais bloqué, comme prisonnier. En venant à Paris, à l'aube de cette saison 1981, en y venant comme avant-centre, sans doute tentais-je un pari mais j'étais persuadé que ce serait le déclic. Que j'oublierais la saturation technique et morale qui était mienne.

Au début, ce ne fut guère facile, essentiellement parce que je ne marquais pas de but. Je savais que je ne serais jamais un avant-centre de type classique, à l'image d'Onnis, que j'étais attiré par une plus grande participation à la construction du jeu, que j'avais l'adhésion de mes coéquipiers et de mon entraîneur, mais je sentais la méfiance s'installer dans le public et la presse.

Et puis est venu ce match contre l'AS Saint-Etienne. Une soirée superbe où j'ai enfin retrouvé toutes mes sensations. Les satisfactions se sont alors enchaînées : un match fantastique contre Bordeaux qui nous a vus assurer le spectacle et conquérir un public, une évolution dans mon jeu devenu plus collectif, le fait de marquer aussi un peu plus d'une quinzaine de buts.

Et comment pourrais-je passer sous silence la chaleur humaine de mon nouveau club et de son environnement ? J'ai découvert des supporters à la sortie du stade, des contacts humains que je n'avais pas eus encore dans ma carrière, et, aujourd'hui, je peux affirmer que j'ai vécu ma plus belle saison sous les couleurs de Paris SG. Je me sens maintenant plus à l'aise, plus épanoui, aussi bien sur le terrain qu'en dehors.

Et, si j'ai éprouvé quelques déceptions, elles sont venues de l'équipe de France. J'étais content de la retrouver, mais devant l'Eire, par exemple, j'ai été définitivement convaincu que je ne pouvais plus être un ailier droit. Face à l'Allemagne, sans doute Michel Hidalgo, qui m'a sorti juste après la mi-temps, devait-il attendre autre chose que ce que j'ai montré. A Rotterdam encore, nous avons tous été traumatisés par les occasions manquées. Heureusement, il restait France-Belgique qui a effacé bien des doutes et j'y étais... avant-centre.

Enfin, au chapitre des regrets, j'ajouterai la qualification européenne manquée d'un souffle. Nous sommes restés un peu trop loin de la lutte au sommet, que Charles Bietry vous conte tout au long des pages suivantes, entre l'AS Saint-Etienne et le FC Nantes.

L'année prochaine, peut-être...

LES TOURS DE VALSE DE NANTES ET DE MONACO

Il affiche toujours une sorte de force tranquille qui inspire le respect. Qu'on le côtoie après une victoire, qu'on l'approche dans les minutes qui suivent une défaite, Gérard Banide montre un calme et une distinction que pourraient lui envier bien des entraîneurs. Avec lui, pas de violence, pas de hurlements, pas même de ces silences qui se veulent énigmatiques. Un ton juste et sobre, des explications claires. Un régal pour ses joueurs, aussi pour ses auditeurs.

Lorsque donc, en début de saison, après avoir appris que le premier tour de la Coupe des Coupes opposerait Monaco aux terribles Espagnols de Valence, on l'avait entendu dire : « Cinquante pour cent de chances pour les deux équipes », chacun en était resté un peu interloqué. Quoi, lui aussi cédait aux phrases spectaculaires, aux coups de bluff, aux tentatives d'intimidation ? Il ne pouvait tout de même pas ignorer que son Monaco, si peu conquérant quelques semaines plus tôt, face à Orléans, était loin de Mario Kempes et des siens. Nantes pouvait lui en parler...

Un Nantes plus heureux par le tirage au sort des nouvelles Coupes d'Europe qui leur offrait les Irlandais de Linfield, alors que Saint-Etienne et Sochaux affronteraient les Finlandais de Kuoppio et les Suisses du Servette de Genève.

A Monaco donc le plus gros morceau, et l'optimisme de Gérard Banide n'y changeait rien. Le 17 septembre, à Valence, les petits Monégasques étaient dans une fosse aux lions, des lions qui trouvèrent en face d'eux au moins un drôle de chrétien qui ne voulait pas être dévoré, Jean-Luc Ettori. Avec sa frimousse de titi parisien, originaire pourtant de Rennes, il a tout du gavroche des stades et n'est jamais aussi à l'aise que lorsque le canon gronde. Et à Valence, ce jour-là, une pluie de tirs s'abattait sur lui. Pendant une heure, il côtoya l'héroïsme. Une manchette à droite, un plongeon à gauche, et une sortie dans les pieds, et il s'en fallut même d'un rien que deux contres de Barberis et d'Emon ne changent le sort de la bataille. Mais voilà, dans les rangs espagnols rôdait un certain Mario Kempes. Il n'est pas évident que sa principale qualité ne soit pas de se faire oublier. Lors des premières minutes, on ne le quitte pas de l'œil. Et puis, comme il semble assez paresseux, comme il ne court pas beaucoup, comme il paraît assez peu concerné, on se désintéresse peu à peu de lui. Et alors, comme un serpent, il surgit dans votre dos et vous échappe. Ce qui arriva exactement à la 61e minute. A la limite du hors-jeu, comme toujours, et avec au bout la réussite. La défense monégasque s'était laissé piéger par l'Argentin. Elle n'était pas la première et ne serait pas la dernière.

Tout en étant grave, la situation n'était pas désespérée. Un but de retard n'était pas une catastrophe. Il restait encore une petite demi-heure à tenir, et le plus difficile paraissait accompli. Les Espagnols, d'ailleurs, s'énervaient, et l'un d'eux, Solsona, fut même prié par l'arbitre allemand, M. Linn, de se calmer dehors. Et à une poignée de secondes de la fin, coup de théâtre. Courbis, dont la facilité à maîtriser ses nerfs n'a jamais été la qualité première, contrôlait un ballon de la main en pleine surface. Penalty ! But de Morena ! 2-0 ! Et le désespoir plein les yeux.

La belle déclaration de Gérard Banide : « Cinquante pour cent de chances » prenait des allures de rodomontade qui allait durer jusqu'au 1er octobre, 20 h 30.

FACE A FACE ENTRE COURIOL ET ARIAS AU MATCH RETOUR
Pour un dos à dos (3-3)...

Vingt et une minutes plus tard, elle ressemblait à une prophétie. Monaco menait alors 2-0 face à un Valence à la dérive, et les deux équipes étaient à égalité sur l'ensemble des deux rencontres. Un renversement de situation dont on n'aurait pas cru capables les Rouge et Blanc et qui avait fait dresser dans sa loge toute la famille princière.

Il est vrai que Jean Petit et les siens avaient abordé ce match retour avec une folle envie de dévorer l'adversaire. Ils savaient qu'ils avaient de fortes chances d'être la seule équipe française à ne pas passer le premier tour des Coupes d'Europe et voyaient déjà les sourires qui accueilleraient leur élimination. Ils avaient en travers de la gorge cet ultime et deuxième but du match aller qui leur avait fait si mal, alors qu'ils croyaient avoir exécuté l'essentiel. Ils étaient agacés enfin par le « numéro de diva » de Mario Kempes. Touché au genou lors de la première manche, l'Argentin avait annoncé une indisponibilité de plusieurs semaines, et tout juste ne se demandait-il pas s'il rejouerait au football. Une semaine après, des observateurs de bonne foi affirmaient l'avoir vu trottiner au stade Nou Camp et, la veille de la rencontre, il débarquait à l'aéroport de Nice avec ses camarades « pas pour jouer... en spectateur... Je recommence seulement à courir... Remplaçant peut-être... Pas en état ». Toute une suite de bulletins de santé, aussi faux les uns que les autres, et qui reçurent leur démenti quand Kempes pénétra sur le stade Louis-II avec ses coéquipiers, devant sept mille spectateurs, devant aussi des millions de téléspectateurs. Comme toujours, un accord de dernière minute était intervenu entre les clubs et la télévision, et c'était heureux au moins pour les sinistrés des départements de Loire et de Haute-Loire, victimes d'inondations (à qui l'AS Monaco et l'AS Saint-Etienne offrirent une part des droits).

Ils furent donc nombreux à découvrir le visage séduisant des Monégasques dans une première demi-heure proche du fantastique. A l'image de Jean Petit, ils tourbillonnaient d'un coin à l'autre du terrain, mettant au supplice les défenses espagnoles qui voyaient surgir de partout des maillots rouge et blanc. Carrete ainsi, en qui Amisse, la saison précédente, avait découvert un des plus beaux voyous du football, éprouva les pires difficultés avec Albert Emon dont on ne vantera jamais assez les qualités. Vous lui laissez un peu de champ et vous ne le revoyez pas. Vous lui laissez très peu de champ et il vous adresse quand même le plus beau des centres brossés.

Du genre de celui de la 7ᵉ minute qui trouva Petit à la réception : 1-0.

Du genre de celui de la 21ᵉ minute qui aboutit sur Barberis : 2-0.

Deux buts d'une admirable limpidité, deux buts follement applaudis.

Pendant quelques instants alors, Monaco eut son destin entre les mains. Valence n'était plus qu'un boxeur saoulé de coups, au bord de l'effondrement, jetant des regards désespérés vers son coin. Un coup d'audace supplémentaire, et c'en était terminé du bel aigle andalou qui prenait peu à peu des allures de vieille chouette.

Mais les Monégasques, hommes du pays des jeux pourtant, eurent peur de tout laisser sur le même numéro et de tenter le sort. Inconsciemment, ils furent saisis par cette peur de gagner que connaissent bien les tennismen. On les vit ne plus oser en attaque, se recroqueviller au milieu et perdre leur sûreté en défense. Il n'en fallait pas plus pour que l'adversaire retrouve ses esprits. Un contre qu'on aurait dû empêcher, un ballon qu'on n'aurait jamais dû laisser traîner, un cafouillage qu'on n'aurait jamais dû laisser se développer, une mésentente entre Courbis et Perais qui n'aurait jamais dû exister, et Morena surgissait pour marquer ce fameux but à l'extérieur qui n'était rien d'autre que la condamnation de l'AS Monaco.

Des Stéphanois peut-être, coutumiers des exploits, habitués à repousser les limites, auraient pu réagir, mais pas des Nantais, pas des Monégasques, tous amoureux d'un football noble et bien léché, qui fait les beaux spectacles, mais pas les héros.

C'était le ton des commentaires à la mi-temps. Dans les tribunes. Pas dans les vestiaires. Gérard Banide et sa petite troupe tenaient un autre langage. Le taureau n'était pas dompté, comme le croyaient peut-être les Espagnols. Le temps n'était pas encore venu pour eux d'admirer la mer toute proche ou le palais princier en haut de son rocher.

L'AS Monaco pouvait aussi se transformer en une machine de combat, et Jean Petit le prouva cinq minutes après la mi-temps, en reprenant de plein fouet et de la tête un nouveau centre de... Emon, bien sûr.

A 3-1, on était de nouveau aux portes de l'exploit. Il suffisait d'un but, d'un seul petit but, et Monaco écrivait une page de gloire. Pendant vingt-quatre minutes, ce fut l'orage devant le jeune Sempere, nouveau gardien de Valence. On attendait un tir de Christophe, un coup de patte de Trossero, un éclair d'Emon, une illumination de Barberis, et, surgi des profondeurs de l'oubli, ce fut Mario Kempes qui apparut. Personne encore ne s'était réellement aperçu qu'il jouait, quand, à la 74ᵉ minute, il s'infiltra entre Perais et Courbis pour sauver définitivement Valence.

L'ultime but de Felman (77ᵉ), le remplaçant, quatre minutes après son entrée en jeu, n'avait plus la même importance. Après avoir bâti des châteaux en Espagne, Monaco retombait sur le sable de l'arène. En ayant donné une belle image du football français, en s'attirant les félicitations de tous, notamment de Michel Hidalgo ou d'Alfredo Di Stefano, de Mario Kempes même, qui disait avoir

BOSSIS ENTRE DEUX IRLANDAIS, FRAZER ET HAYES
Une certaine facilité

admiré la vitesse et l'intelligence des rouge et blanc, mais le résultat était là. Monaco disparaissait dès le premier tour.

Nantes en revanche était toujours en course. Mais pouvait-il en être autrement face à ces Irlandais de Linfield qui avaient tout contre eux. La valeur des Nantais d'abord, champions de France. Leur expérience internationale ensuite. Le fait, enfin, de ne même pas pouvoir jouer sur leur terrain. Parce que l'année précédente, lors d'un affrontement avec l'ennemi héréditaire de Dundalk, les supporters s'étaient fort mal tenus, l'Union européenne avait suspendu le terrain de Linfield pour deux rencontres. Et les Irlandais avaient donc choisi de venir jouer aux Pays-Bas, à Haarlem.

Si je n'étais pas arrivé en même temps que les joueurs, j'aurais été persuadé que je m'étais trompé de stade. Trois supporters irlandais vaguement excités, un car de Nantais, quelques égarés hollandais, on se serait cru à un petit match de promotion d'honneur. C'était pourtant le premier tour de la Coupe d'Europe des Champions et il était bien difficile de s'en persuader. Les joueurs eux-mêmes avaient du mal et, une demi-heure avant le coup d'envoi, aucun d'entre eux n'était encore à l'échauffement. Chacun flânait comme à une aimable partie de campagne, et paraissait plus disposé à un pique-nique qu'à un combat européen.

De combat effectivement il n'y eut pas. Les Irlandais affichaient trop de timidité devant ces professionnels qui les effrayaient. Les Nantais avaient visiblement la tête ailleurs et paraissaient préoccupés seulement de réaliser le strict minimum. Ce minimum qui prit la forme d'un but d'Amisse accueilli dans la plus grande indifférence, à l'issue d'une action lancée par un jeune homme encore inconnu mais dont on reparlera, Fabrice Poullain.

A la fin du match, il était le premier rhabillé et était timidement debout dans un coin du vestiaire, comme ne voulant gêner personne. C'est là que je l'avais retrouvé pour l'entendre raconter avec beaucoup de retenue ses débuts en Coupe d'Europe.

« Jamais en début de saison je ne me serais imaginé une telle aventure. J'espérais tout juste appartenir au groupe de temps en temps. Et puis, dimanche dernier, M. Budzinski est venu vers moi et m'a tendu un maillot avec le numéro six. Ça fait quelque chose. Avant le match, je ne cache pas que j'avais un peu le trac, mais il avait pratiquement disparu dès l'échauffement et complètement après mon premier ballon, une passe à destination de Loïc Amisse. J'ai été surpris tout de même que les Irlandais ne soient pas un peu plus audacieux et je n'ai vraiment pas eu de gros problèmes dans ce match. J'ai joué comme d'habitude, avec un tempérament qui me pousse à assumer le plus de travail possible, avec beaucoup d'activité pour compenser un certain manque de technique. Mais je sais qu'il me reste encore beaucoup à travailler, notamment dans le jeu aérien. »

Pendant ce temps, à quelques pas, Henri Michel expliquait pourquoi lui et les siens n'avaient pas montré non plus une folle audace : « Imaginez de quoi nous aurions eu l'air, disait-il, si nous avions été contrés par cette équipe bien moyenne et qui ne jouait même pas chez elle. L'important était de ne pas prendre de risques et d'assurer la victoire, si petite fût-elle. »

Une victoire suivie d'une deuxième, deux semaines plus tard à Marcel-Saupin, par la grâce de deux buts de Rampillon et Trossero qui eurent raison d'un

PROHASKA AVEC DEUX PAS D'AVANCE SUR HENRI MICHEL
Difficile, la Coupe d'Europe

gardien particulièrement bondissant du nom de Dunlop.

Mais l'affrontement avait été plus rude qu'à Haarlem. Dès les premières minutes ainsi, José Touré avait dû déjouer quelques manœuvres d'intimidation de l'immense Rafferty, crâne déplumé, homme des basses besognes qui paraissait sortir tout droit d'une mêlée de division inférieure. Et si les Nantais avaient cru à une simple ballade irlandaise, ils déchantèrent vite. Aux quatre coins du terrain, on ne récoltait que plaies et bosses et, le lendemain, le masseur du club ne savait plus où donner de la main. Un coup par-ci, un bobo par-là, un hématome plus loin, c'était presque la cour des Miracles. Fabrice Poullain n'affichait plus la même sérénité. « Le rythme était cette fois beaucoup plus élevé, avouait-il, et j'étais beaucoup plus fatigué. »

Fatigué mais victorieux. Trois semaines plus tard, il était tout aussi fatigué et n'avait même pas la joie du succès. Les Italiens de l'Inter de Milan étaient passés par là et le FC de Nantes, dès le match aller des huitièmes de finale de la Coupe des Champions, n'avait plus que ses yeux pour pleurer.

Et pourtant, les Nantais savaient ce qu'ils attendaient ce soir-là. Il y a bien longtemps que l'Inter traîne sur tous les terrains d'Europe sa mauvaise réputation. Elle date de la présence à sa tête d'Helenio Herrera. On y associait alors les mots de réalisme et de béton et les Nantais allaient s'apercevoir que les temps n'avaient pas tellement changé.

Leur joli jeu tourbillonnant, les belles arabesques, les admirables gestes techniques venaient sans cesse se heurter à un mur apparemment infranchissable et le terrain, gorgé d'eau, n'était pas là pour arranger leurs affaires. Il favorisait les interventions de quelques coupe-jarrets qui traînaient en face. Il serait injuste de ne parler que de ceux-là. Il y avait aussi dans les rangs italiens au moins trois seigneurs de race, Bordon le gardien, Prohaska l'Autrichien du milieu, et Altobelli, le play-boy de l'attaque.

Bordon se chargea des quelques tirs nantais qui avaient pu échapper aux barrages des défenseurs et se trouva même la complicité à deux reprises de ses poteaux. Altobelli fut le premier bourreau en transformant la seule occasion italienne des quarante-cinq premières minutes. Prohaska le second, en s'en allant marquer un deuxième but, quatre minutes avant la fin, profitant ainsi de la seconde occasion du match des Italiens.

Entre-temps, les Nantais n'avaient réussi, par Patrice Rio, qu'un seul pénalty, consécutif à une faute sur Enzo Trossero, se montrant incapable de concrétiser la domination qui avait été la leur.

Manque de réalisme, souligna toute la presse le lendemain. Manque aussi d'un véritable avant-centre, mais ce jour-là Eric Pécout était assis dans les tribunes comme souvent cette saison. De médecin en médecin, de clinique en hôpital, de spécialiste en autre spécialiste, le pauvre Pécout s'offrit un Tour de France des praticiens dont il se serait bien passé. Aujourd'hui encore, nul ne sait exactement ce dont il a souffert. Une excroissance osseuse qui ne cessait de grandir ? Une inflammation ? Une tendinite mystérieuse ? Un virus ? Toutes les interprétations étaient vraisemblables. Un de ses dirigeants alla même jusqu'à penser, et dire, ce qui était plus grave, que tout se passait dans sa tête. Pécout souffrait énormément et si enfin, à l'arrivée du printemps 1981, la douleur disparut, personne ne sait encore exactement pourquoi.

Il était en tout cas trop tard pour le blond Eric, qui avait gâché son année, pour Nantes aussi qui en aurait bien eu besoin, notamment contre l'Inter. « Pas de chance », commentait Jean Vincent, à l'issue du match aller, mais il s'agissait de bien autre chose.

BUT D'ALTOBELLI. RIO, BERTRAND-DEMANES, BOSSIS CONSTERNÉS
L'Inter...lude européen terminé

D'un défaut aussi français que nantais selon lequel une équipe de France peut dominer en Hollande et en Espagne, et perdre 1-0, selon lequel aussi un FC Nantes peut être superbe à Milan et laisser encore filer le bonheur.

Car les Nantais furent magnifiques au stade San Siro. On leur promettait mille maux, ils furent les maîtres du ballon. On leur promettait l'enfer, ils jouèrent comme sur un nuage. Et ce sont pourtant, comme d'habitude serait-on tenté d'écrire, les Italiens qui marquèrent à la faveur d'une glissade de Rio dont profita l'inévitable et élégant Altobelli après une demi-heure de jeu.

Il n'était plus question de qualification pour les Nantais. Il l'était encore d'exploit, puisque Amisse, à une demi-heure de la fin, récompensa la belle maîtrise nantaise par une égalisation qui avivait les regrets. Mais il était trop tard et le FC Nantes n'avait plus qu'à sortir ses mouchoirs.

Ils avaient fait un ou deux tours de valse et s'en étaient allés.

AMISSE ÉCHAPPE A CANUTI ET BINI, ET BAT BORDON
Trop tard, l'égalisation

LES TROIS PREMIÈRES LEVÉES A CŒUR

Après un inoubliable France-Bulgarie qui avait enflammé le cœur du Parc des Princes, Michel Hidalgo n'avait pu s'empêcher de pleurer. Des larmes qui avaient fait le tour des écrans de télévision et la « une » des journaux, ajoutant encore un peu plus à son personnage d'homme doux et sensible, mais des larmes qui avaient gêné Hidalgo lui-même, fort ennuyé de voir ses émotions jetées sur la place publique.

Aussi, à l'aube de cette nouvelle saison, s'était-il juré de ne pas craquer et de toujours contenir ses sentiments, si louables fussent-ils. Pourtant, il savait que les coups au cœur seraient nombreux, avec les éliminatoires de la Coupe du Monde qui déjà verraient un premier affrontement avec Chypre, l'Eire, les Pays-Bas et la Belgique. De quoi verser des larmes de joie ou de tristesse, de quoi côtoyer l'espoir ou déjà se plonger dans les désillusions d'autrefois.

Michel Hidalgo savait aussi que les traditionnels censeurs du Café du Commerce qui n'avaient guère eu le loisir d'effectuer leurs activités depuis 1976, se lèveraient bien vite si les résultats n'étaient pas à la hauteur des espérances. La qualification au Mundial 78 avait été une heureuse surprise, l'élimination de la phase finale 82 en serait une mauvaise qu'on ne lui pardonnerait pas. On oublierait en un instant tous les bons résultats passés.

Michel Hidalgo, dans la banlieue bordelaise où il passait l'été, était bien conscient de toutes ces données et déjà il s'était fixé les grandes lignes de sa politique avec ses deux mots-clés de toujours : sérieux et joie.

Le sérieux indispensable au sport de haut niveau, que ce soit dans sa préparation ou dans son exécution.

La joie de jouer, condition indispensable à la pratique du football qu'Hidalgo aime, tout en vivacité, inspiration, démarquage et rapidité.

Un football « à la française », toujours agréable à regarder mais qui quelquefois s'empêtre dans les défenses renforcées que l'on rencontre de nos jours et qui seraient certainement sur le chemin des bleus dans l'année. Aussi n'était-il pas mécontent d'avoir pour hors-d'œuvre ce plat venu d'Italie, la Juventus de Turin.

L'équipe de France avait pris depuis quelques années l'habitude de réussir ce prologue. Des formations aussi prestigieuses que le Real Madrid, le Bayern de Munich, Moenchengladbach ou Hambourg en avaient fait la douloureuse expérience. Les Italiens n'avaient pas l'intention de subir les mêmes outrages et dès les premières minutes Laurent Roussey sut que la soirée ne serait pas ce qu'il espérait.

Il en attendait, il est vrai, beaucoup. Avec l'audace de ses dix-neuf ans, il avait annoncé : « Je vais m'employer de toutes mes forces pour signer un bail avec l'équipe de France. » Et la barbe qu'il n'avait pas rasée depuis trois jours lui donnait des allures de mauvais garçon. Il en aurait fallu plus pour impressionner des spadassins du genre Gentile, Scirea, Cabrini qui lui indiquèrent tout de suite qu'il ne s'agissait pas d'une fête de patronage.

Hidalgo avait, dans ses déclarations d'avant match, demandé beaucoup d'indulgence pour le jeune Stéphanois et sans doute avait-il été fort satisfait des clameurs qui avaient salué son entrée sur le terrain. Ensuite elles n'allaient que bien peu se rééditer. Englué comme les autres attaquants dans la défense italienne, Roussey évolua dans

JEAN PETIT ET PLATINI FACE A LA JUVENTUS
Hors-d'œuvre à l'italienne

l'ombre toute la première mi-temps. A l'image d'une équipe de France qui ne trouvait pas sa cohésion et qui butait sur un adversaire remarquablement organisé autour d'un des meilleurs footballeurs de notre époque, l'Irlandais Liam Brady, que l'on verrait beaucoup sur la route des Français cette saison. « C'est toujours la même histoire dans ces matches de début de saison, dit plus tard Michel Platini. Pendant une demi-heure on se cherche sans se trouver, on ne résout pas les problèmes tactiques qui se posent et c'est ensuite qu'il faut juger. Si l'équipe reprend le dessus, alors le test est positif. »

Platini parlait d'or. Le scénario de la soirée était bien celui-là. Pour mettre en difficulté ces Italiens qui avaient fait briller Dominique Dropsy dont on n'aurait jamais cru alors qu'il puisse quelques semaines plus tard être inquiété par un inconnu du nom de Castaneda, il fallait à tout prix accélérer le jeu et surtout pouvoir changer de rythme. Une qualité que n'a sans doute pas Didier Christophe mais qui est assurément celle d'un autre Monégasque, Jean Petit. Rentré à la reprise en même temps que Baratelli et Zimako, Petit donna aussitôt un ton nouveau et l'organisation italienne commença à s'effriter.

Laurent Roussey aurait pu être le héros de la soirée, lorsque Platini lui arrangea un superbe tête-à-tête avec Zoff, mais en jeune homme trop timide, l'ancien gamin de Mazargues ne sut pas en profiter.

Zimako afficha moins de complexes un peu plus tard, quand, servi par Jean Petit, il partit à toutes jambes pour marquer le seul but du match. Déjà devenu l'un des chouchous du Parc, Zim voyait encore sa cote augmenter et le président de Paris Saint-Germain, Francis Borelli l'aurait bien aimé à l'aile de son attaque. Le président de Sochaux aussi...

Il est vrai qu'il est l'un des joueurs les plus séduisants du football français. Déroutant, virevoltant, imprévisible, il fait partie de ces hommes qui n'hésitent pas à prendre des risques et c'est justement ce que Hidalgo avait demandé aux siens à la mi-temps. La fin de la rencontre survint donc sur ce score de 1-0 qui permettait aux Français de garder leur invincibilité au Parc des Princes et qui confortait Hidalgo dans son optimisme. Dans ses limites aussi. Car malgré la grande revue de la veille à Lille sous forme d'un France A' France Espoir, il ne s'était levé aucun nouveau joueur. Il lui faudrait donc se fier à son groupe habituel pour la première étape de la Coupe du Monde et même rappeler un revenant de luxe, Henri Michel.

Le capitaine nantais ne s'attendait certes pas à un voyage sous le soleil de Chypre, mais devant les absences de Marius Trésor et de Christian Lopez, Hidalgo estimait avoir besoin de son expérience. C'était donc la 58e sélection de Michel pour un match que l'on craignait beaucoup. Chypre avait pourtant peu de raisons de passer pour un épouvantail, et un coup d'œil sur le palmarès était éloquent : en dix ans, la sélection chypriote avait gagné deux matches face à l'Irlande (1-0) en 1973, et à la Grèce (1-0) en 1975, réussi deux nuls devant la Roumanie (1-1) et la Grèce (1-1) et s'était inclinée à trente-sept reprises.

Trente-sept défaites sur quarante et une sorties, on pouvait difficilement faire plus mal...

Ce n'était pas suffisant pour que la bande à Hidalgo affiche une totale sérénité. On parlait d'un terrain épouvantable, d'un vent qui faussait toutes les trajectoires, de la chaleur qui dépasserait les 35 degrés, des difficultés que les Irlandais avaient connues quelques semaines plus tôt (3-2), du mystère qui rôdait autour de Sotiris Kaiafas, l'ancien Soulier d'Or, de l'influence du public, et Hidalgo avait bien du mal à éviter que la nervosité ne gagne les siens. Ainsi un minuscule incident d'entraînement entre Larios et Michel prit-il de grosses proportions dans l'entourage de l'équipe de France où l'on a toujours à l'esprit la rivalité stéphano-nantaise. Et Hidalgo accueillit presque avec soulagement le premier coup de sifflet de M. Galler au début de cet après-midi du 11 octobre.

« Soyez agressifs dès la première minute, avait répété le sélectionneur. Dès que l'adversaire aura le ballon, empêchez-le de jouer. Soyez précis, variés, dynamiques, et je suis certain que vous aurez toutes les armes pour vous en tirer. »

Ce que Hidalgo avait dit aussi, c'est qu'un pressing sur les Chypriotes les pousserait obligatoirement à commettre des fautes. Et des fautes, il y en eut plus qu'aucun Français n'en espérait.

Dès la 4e minute, avec ce dégagement en 6 mètres de Papacostas qui aboutit directement sur Lacombe : 1-0.

A la 14e, avec une interception de Tigana dont profitait aussitôt Platini pour s'avancer de dix pas et marquer du pied gauche : 2-0. A la grande joie de Thierry Rolland, commentateur en noir et blanc pour une fois, qui hurla, presque à la sud-américaine : « Platini, Platini, Platini et but ! »

LARIOS TOUT EN PUISSANCE
Impressionnant

PLATINI ET BOSSIS MYSTIFIENT UN DÉFENSEUR CHYPRIOTE
Plus facile que prévu

Cette réussite avait de quoi déchaîner la joie car personne n'aurait osé espérer une avance de deux buts avant même la fin du premier quart d'heure. Un écart dû aux erreurs chypriotes, mais aussi à la qualité du jeu français. Lorsqu'on ne les oblige pas à des tâches trop défensives, des Platini ou des Tigana peuvent approcher du génie. Tout en finesse, ils savent créer, réinventer un football, et leur laisser de la liberté équivaut à se condamner.

A Chypre, non seulement ils bénéficiaient des largesses de leurs adversaires, mais, de plus, ils étaient soutenus par ces admirables rampes de lancement que sont Michel, Larios ou Bossis, par cet élément de diversion que sait être Six, ou encore par le plus rusé des relayeurs, Bernard Lacombe. Le feu d'artifice n'avait donc aucune raison de cesser.

Encore deux belles bleues avant le repos. Un tir de Platini démarqué par Tigana et un penalty de Larios consécutif à une main qui se serait voulue anonyme mais qui était celle de Papadopoulos.

Il se poursuivit encore en seconde mi-temps, mais après vingt-cinq minutes de tâtonnement qui sauvèrent les Chypriotes de la plus grande déroute de leur histoire, en même temps qu'elles prouvaient malheureusement à Michel Hidalgo que ses attaquants n'étaient pas devenus totalement réalistes en un coup de baguette magique. Suffisamment, pourtant, pour corser l'addition.

77e minute : Platini multiplie les gris-gris au milieu des défenseurs. Fizos se fâche, le fauche, et Larios réussit son deuxième penalty de l'après-midi : 5-0.

82e minute : Bossis, que l'on voit très souvent aux avant-postes, dépose la balle sur la tête de Six : 6-0.

87e minute : Zimako s'en va, s'en va, arrive seul, et ne tire ni à côté, ni au-dessus, ni sur le gardien, mais... dedans : 7-0.

Rideau... la fête est finie. On range tout et on s'en va. Le sourire aux lèvres. Deux points, et même un peu plus en poche. Ces sept buts valaient de l'or. Ils assuraient déjà un avantage appréciable au niveau de la différence de buts et, qui sait, peut-être serait-elle décisive au moment du décompte final le 5 décembre 1981.

Mais, auparavant, il importait de s'imposer lors de toutes les sorties au Parc des Princes. Et notamment face à l'Eire et son capitaine Liam Brady, qui n'en finissait pas de se mettre en travers des Bleus.

Il avait fallu les battre pour aller en Argentine. Il faudrait encore les terrasser pour l'Espagne. Michel Hidalgo avait fait confiance à une formation classique qui retrouvait son attaque d'autrefois avec, sur l'aile, un Rocheteau heureux d'être là mais qui aurait sans doute préféré le numéro 9.

Après vingt minutes de jeu, Rocheteau avait certainement oublié ses réticences, tant l'équipe de France évoluait dans la facilité. C'était un peu la prolongation du festival de Limassol avec aux commandes un Tigana tout proche de la magie. Guy Thys, le sélectionneur belge, avait été impressionné par l'aisance du Lyonnais d'alors, Bordelais d'aujourd'hui, en terre chypriote, mais il ne se l'imaginait pas avec la même facilité face aux solides Irlandais. Contre-pieds, dribbles, ouvertures, Tigana laissait admirer les mille et une facettes de son talent et, dans son sillage, l'équipe de France semblait irrésistible. Le coup de patte de Platini à la réception d'une lumineuse

PLATINI MARQUE CONTRE L'EIRE
Le but qu'il faut, quand il le faut

LACOMBE ET LANGLAN DANS LES AIRS
Belle bagarre

offrande de Tigana apparut donc comme la juste récompense de la supériorité des Bleus. On jouait depuis onze minutes seulement et personne ne doutait dans un Parc des Princes très sud-américanisé que la victoire était au bout du chemin.

C'était oublier que l'Eire n'est pas Chypre et que, les rugbymen le savent bien, un maillot vert frappé du trèfle sublime celui qui le porte. Sous l'orage initial, les Irlandais sollicitèrent d'abord leur courage avant de puiser dans leur ténacité pour faire revivre leur célèbre « fighting spirit ». Si bien que les Français, qui avaient d'abord cru que leur seul talent les conduirait au succès, puisèrent, par force, au fond de leurs tripes pour ne pas connaître une immense désillusion.

Depuis des années, pourtant, Hidalgo se bat pour tenter de faire disparaître du football français cette inconstance qui l'a si souvent miné. Combien de fois a-t-il prononcé les mots de rigueur, efficacité, réalisme, attention, concentration, espérant toujours que les siens ne connaîtraient plus ces sautes d'humeur qui coûtent cher ? Aussi, était-il fort déçu de voir le jeu des Bleus s'étioler dès la deuxième demi-heure.

Finies les arabesques des premières minutes, oubliée l'aisance des créations initiales. Les Irlandais imposaient peu à peu le football de leurs ancêtres, tout en force et en simplicité, et on s'apercevait alors qu'un garçon comme Tigana, par exemple, était comme noyé dans la marée verte. L'angoisse montait doucement dans les travées du Parc et la nervosité gagnait aussi les joueurs, à tel point que Lacombe, décidément en délicatesse tous les ans avec les défenseurs irlandais, se rendait coupable d'un geste si méchant sur Laurenson que l'arbitre espagnol, M. Lamo Castillo, le gratifiait d'un carton du plus beau jaune.

Et que se serait-il passé si ce même arbitre avait accordé, à la 56e minute, ce but marqué par Robinson ? Parce qu'il pensait avoir aperçu Stapleton contrôler auparavant le ballon de la main, il décida donc que la France devait garder son but d'avance.

C'était l'un des tournants de la rencontre. Alors qu'ils avaient le match en main, alors qu'ils faisaient passer frissons sur frissons dans le dos de Dropsy, les Irlandais, après avoir secoué l'arbitre, furent incapables de reprendre leur sang-froid. Laurenson trahissait cette fébrilité en tirant sur son propre poteau et, un peu plus tard, à la 77e minute, les défenseurs abandonnaient à la fois Six et Zimako, et le Néo-Calédonien faisait mentir sa réputation de mauvais finisseur en ajoutant un second but qui scellait le sort du match.

La France avait eu peur, mais la France avait gagné. Hidalgo, qui avouait être passé par toute la gamme des sentiments, pouvait laisser parler son cœur. La couleur des trois premières levées de la saison.

LES CONFIDENCES D'UN BANNI

Dans son bureau, trois photos : l'une du Stade Saint-Germain des années soixante emmené par Michel Prost et Roger Quenolle, l'autre du Paris Saint-Germain de 1974, accédant à la première division avec Just Fontaine, la troisième montrant le visage des Bleus de France au Mundial de 1978.

Trois époques, trois étapes aussi de la vie d'Henri Patrelle, qui avait voué son âme au football et qui, aujourd'hui, est banni d'un monde qu'il croyait être le sien pour toujours.

Singulière histoire que celle de ce joueur « très moyen » qui se retrouva un jour de 1942 avec onze licences entre les mains pour ses premiers pas de dirigeant. Le Stade Saint-Germain était alors en promotion d'honneur. On le retrouve en championnat de France amateurs dès 1952, et Henri Patrelle est toujours président en 1970, date de la première des fusions capitales avec Paris FC. Un an plus tard, le club est en première division, mais, bien vite, Patrelle et Saint-Germain l'abandonnent pour repartir en troisième division, conduit par Vicot, sous l'appellation de Paris Saint-Germain. La réussite est encore au bout de cette aventure à laquelle se sont mêlés Just Fontaine, Daniel Hechter, Jean-Paul Belmondo et Francis Borelli. En 1974, ce nouveau Paris Saint-Germain est en première division. Henri Patrelle en abandonne alors la présidence.

« Pour être à la tête d'un club de première division, il faut avoir, ou de grosses finances personnelles, ou disposer d'un fort budget de fonctionnement qui vous laisse les mains libres, explique-t-il aujourd'hui. Et Daniel Hechter était l'homme qu'il fallait. Il me restera la satisfaction d'avoir été le seul président à être monté à deux reprises en première division et à ne jamais en être descendu. »

Il abandonne donc le club, mais déjà, à cette époque, il est devenu un personnage important à la Fédération. Avec au départ un poste à la Ligue de Paris, puis une place à la commission de discipline (perdu à la suite d'une suspension de trois mois due à une discussion un peu vive qui l'avait vu arracher un bouton de la veste d'un juge de touche) et ensuite une entrée au Conseil fédéral (l'organisme directeur du football français) en 1968 avec la nouvelle équipe où se côtoyaient les Sastre, Tellez, Burlaz, etc.

Henri Patrelle a alors de multiples occupations. « Trop, sans doute, car on me le reprochera. » Il est représentant de la Fédération auprès du Groupement. (« Je passais pour un emmerdeur »), membre de la Commission de contrôle du Parc, vice-président du Comité olympique, et surtout attaché aux équipes de France. Avec les amateurs il vit les Jeux méditerranéens de Tunis et d'Alger, avec les Olympiques, les aventures merveilleuses de Mexico et de Montréal. Avec les professionnels enfin il passe six ans : « Là, j'ai vraiment donné beaucoup de moi-même et de mon temps, notamment pour la préparation de la Coupe du Monde en Argentine. »

Argentine... Le mot est tombé et aussitôt la tristesse se lit sur son visage. Il attendait de cette expédition l'un des plus grands bonheurs de sa vie auprès d'une équipe qui était devenue un peu la sienne, auprès de laquelle il retrouvait les joies quotidiennes de la vie d'un club et là-bas c'est le ciel qui lui est tombé sur la tête.

Rappelez-vous...

Il est 13 heures à Mar del Plata, 18 heures en France. Pour son dernier match en Coupe du Monde, la France s'apprête à rencontrer la Hongrie. Les deux équipes s'échauffent. Henri Michel, en civil, s'approche de Torocsik. Le col de son maillot qui dépasse de son survêtement l'intrigue. « *White ?* » questionne-t-il. « *Yes, white* », répond le Hongrois. « *French, white* », affirme alors Michel. « *No, Hungarian, white* », réplique Torocsik.

Chacun court vers ses dirigeants et Henri Patrelle sent les premiers frissons lui courir le long de l'échine. Il est pourtant certain d'avoir lu une circulaire selon laquelle les Français devaient opérer ce jour-là en maillot blanc, culotte bleue et bas rouges. Son homologue hongrois affirme que lui aussi a une circulaire lui enjoignant de porter des maillots blancs. L'un des deux a évidemment tort et les vérifications des officiels de la FIFA tournent à la confusion des Français. Henri Patrelle n'avait sans doute jeté qu'un coup d'œil distrait sur une des très nombreuses notes officielles en date du 30 mars qui modifiait les premières instructions et obligeait les Français à jouer en maillot bleu, culotte bleue et bas rouges. C'était une faute qui retarda le coup d'envoi de quarante-deux minutes, jusqu'à ce que l'équipe de France récupère un jeu de maillots verts et blancs d'un petit club de pêcheurs du nom de Kimberley.

Le prestige des dirigeants français ne fut pas particulièrement rehaussé par cette affaire et Henri Patrelle paya très vite l'addition. Il est vrai qu'il ne nia pas son erreur. Fernand Sastre, président de la Fédération, était le chef de la délégation, mais Henri Patrelle, dès le lendemain, n'hésitait pas à déclarer : « Je suis le seul responsable. Je n'ai pas relu la deuxième circulaire qui modifiait la première. »

C'était le départ de sa descente aux enfers.

« Deux jours après notre retour en France se déroulait un Conseil fédéral, raconte-t-il. J'ai eu droit à une superbe oraison funèbre. Ma faute n'était que très minime. L'affaire des maillots n'était qu'un incident. J'étais un grand bonhomme. On me devait beaucoup, mais on allait cependant changer toute la structure de l'environnement de l'équipe de France et professionnaliser la fonction que j'occupais jusque-là. En un instant, on venait de me jeter aux chiens et je crois bien n'avoir entendu que peu de voix pour me défendre, celle de Roger Piantoni notamment.

« D'un seul coup, je n'étais plus rien sans que l'on ne m'ait jamais donné aucune explication. J'ai demandé à être entendu, j'ai sollicité un entretien avec le président Sastre. En vain.

« Alors, j'ai ouvert les yeux. Je me suis rendu compte que lorsque l'on n'appartient plus au système, on n'est plus rien. Fernand Sastre oubliait un peu vite à qui il devait son installation à la présidence de la Fédération. Sans doute lui avait-il déplu, à lui et à Jean Sadoul, le président du Groupement, que l'on parle trop de moi, que je prenne trop d'initiatives, que je sois trop actif au Comité olympique. Sans doute aussi n'avait-on pas aimé mes amitiés avec Daniel Hechter. Mais qui étaient ceux qui appréciaient tant aller manger du caviar chez lui ?

« C'est tout de même assez incroyable que j'aie été le seul bénévole dans l'opération en Argentine et que j'aie été le seul à payer la note. Ce fut pour moi une immense déception et aujourd'hui encore je n'en suis pas complètement remis.

« A la fin de mon troisième mandat au Conseil fédéral, en 1980, je ne me suis pas représenté. J'aurais sans doute été battu. Aussitôt j'ai reçu une belle lettre de la Fédération, en date du 20 janvier 1981 : " Au cours de la réunion qu'il a tenue le 10 janvier dernier, le

Conseil fédéral, élu par l'Assemblée fédérale du 13 décembre 1980, a décidé, sur proposition de son président, de vous conférer l'honorariat..."

« Et voilà, l'enterrement était terminé. J'étais membre honoraire. Donc en dehors de toute activité. Donc je ne servais plus le football alors que cela avait été, et c'est toujours, mon vœu le plus cher. Je voudrais encore y défendre mes idées de toujours pour assainir un peu le professionnalisme. Il est inadmissible que les gens fassent dans le football ce qu'ils ne feraient jamais dans la vie. Daniel Hechter ne couvrirait jamais une affaire de faux dans son entreprise, un dirigeant qui maquille des licences ne ferait pas l'équivalent dans ses activités ordinaires. Les présidents de club dépensent aussi beaucoup plus qu'ils ne le peuvent. Le font-ils chez eux ? Et que dire de ces clubs qui ne paient pas leurs cotisations de l'URSSAF. Un employeur ordinaire fermerait ses portes au bout de trois mois. Le Groupement des clubs professionnels a tous les moyens de contrôle pour que le football vive dans plus de logique, et lorsque des hommes ne sont pas raisonnables, il faut savoir l'être pour eux.

« Mais voilà que je m'enflamme, que je parle à nouveau comme si j'étais toujours membre du conseil de la Fédération, intendant de l'équipe de France, vice-président du Comité olympique...

« Je ne suis plus que membre honoraire de la Fédération française de football. Heureusement, il me reste la possibilité d'aller voir les matches... »

POIGNÉE DE MAIN ENTRE GISCARD D'ESTAING ET HENRI PATRELLE
Les bannis se saluent bien...

JEAN CASTANEDA ET PAUL MARINER DANS LE CIEL D'IPSWICH

Pousse-toi de là que je m'y mette...

LES CHAUDS ET FROIDS DE L'EUROPE VERTE

A cette époque, c'était le tout début de saison, le président Rocher et Robert Herbin s'entendaient toujours parfaitement et n'hésitaient pas à se réserver des confidences. Jamais on n'aurait imaginé qu'ils puissent se critiquer un jour et même s'accuser de trahison. Surtout en public. Lorsque donc fut connu le tirage des premiers tours de Coupe d'Europe, Rocher et Herbin évoquèrent ensemble des souvenirs qui dataient de 1967. Cette année-là aussi les Stéphanois s'étaient vu offrir Kuopio Palleusera au premier tour de la Coupe d'Europe, et parmi les buteurs de l'aller (2-0) et du retour (3-0), figurait un certain Herbin. Les Verts n'avaient connu aucune difficulté et il n'y avait guère de raison que les temps aient changé. Pierre Garonnaire avait voulu en avoir le cœur net et un premier voyage en Finlande l'avait rassuré. L'affaire ne serait pas trop rude.

Pour les Verts du moins. Parce que pour un certain Jupkunen elle tourna vite au cauchemar. Paganelli, puis l'un de ses propres défenseurs, Platini, Paganelli encore, Platini, Roussey, Paganelli enfin l'humilièrent tour à tour et lorsqu'il leva en fin de match la tête sur le tableau d'affichage il vit l'étendue du désastre : 7-0.

7-0 à domicile, c'était presque un triste record. De quoi tomber malade pour le match retour. Et à Geoffroy-Guichard quinze jours plus tard, Jupku-

UN PLATINI ACROBATIQUE DEVANT KARHUNEN
Le pied à la hauteur

LAURENT PAGANELLI EN ACTION DEVANT KUOPPIO
La passe de trois en Finlande

nen n'était pas là. Il avait laissé sa place à un dénommé Karhunen dont l'ambition était de faire mieux que son camarade. Le 1er octobre, à 21 h 45, il avait le même bilan que son copain. 7-0 aussi. Lestage, Paganelli, Lopez et Rep (à quatre reprises), étaient passés par là !

Jamais encore les Stéphanois n'avaient eu la chance d'opérer avec une telle facilité dans une coupe d'Europe et il faut avouer que, sur deux matches, un écart de quatorze buts est proche de l'incroyable. Un homme se réjouissait particulièrement de ces deux soirées, Jean Castaneda, qui avait la lourde charge de succéder à Yvan Curkovic. Le gardien yougoslave, touché par le poids des ans, gêné aussi par une vieille blessure à une épaule, ne donnait plus à la défense stéphanoise sa sûreté d'autrefois.

Robert Herbin avait hésité à se séparer de son compagnon de toujours mais les sentiments n'ont plus place dans le sport professionnel. Aussi Jean Castaneda, qui n'avait encore connu que la troisième division, avait-il reçu une chance exceptionnelle, qui allait le conduire à un titre de champion et en équipe de France.

On n'en était pas encore là à l'attaque du deuxième voyage européen des Verts dans un pays où il n'est pas recommandé de se frotter aux fantômes de footballeurs qui n'ont pas l'habitude d'être avares de leurs efforts. C'était donc des Ecossais, ceux de Saint-Mirren, et l'occasion encore d'un pèlerinage. Pour les Stéphanois, l'Ecosse restera toujours la terre où ils furent tout proches de la plus belle des consécrations. Mais un Allemand du nom de Roth, homme de combat du Bayern Munich, les en priva un jour de finale, à Glasgow en 1976, et ce n'est pas sans émotion que Janvion, Lopez ou Herbin retrouvaient ce pays.

Heureusement Saint-Mirren, toujours dans l'ombre du Celtic et des Rangers, n'est pas le Bayern Munich et la soirée s'annonçait plus calme. Tout juste fallait-il tenir compte de ce vilain crachin qui n'en finissait pas de vous tremper jusqu'aux os et qui favorisait ce genre de football physique qu'affectionnent particulièrement les Britanniques. Dans ce genre d'affrontement, avec un ballon qui prend vite des allures de savonnette, le gardien a un rôle capital à jouer. De sa sûreté de mains, de son sens de l'anticipation sur les balles qui fusent, dépend le résultat et aussi la sérénité des siens. Castaneda se chargea vite de démontrer que si les cimetières sont pleins de gens irremplaçables, les bancs de touche aussi, et que donc il pouvait être tout aussi bon que Curkovic.

Comme les Ecossais étaient, de plus, visiblement impressionnés par la réputation de leurs adversaires, la soirée se passa fort bien. Elle aurait pu être meilleure si Rep n'avait manqué en début de seconde mi-temps une de ces occasions qu'on dit un peu vite immanquables. Elle aurait pu être moins bonne si Castaneda n'avait réussi quatre arrêts de classe qui incitaient ensuite Curkovic à dire : « C'est vrai que l'on a vu ce soir un très bon Castaneda, mais s'il y a quelqu'un qui n'est pas surpris par cette performance, c'est bien moi. J'avais une confiance totale en lui. »

Confiance était aussi le mot de tous avant le match retour à Geoffroy-Guichard. Au niveau des supporters surtout, car chez les joueurs du monde entier on s'est toujours méfié et on se méfiera toujours d'un Britannique dont on ne vantera jamais assez l'incroyable combativité. Les Ecossais de Saint-Mirren étaient bien dignes de leur légende et Robert Herbin en fut vite convaincu quand on lui apprit qu'ils s'étaient entraînés près d'une heure le matin même de la rencontre. Et lorsque le soir ils pénétrèrent sur le terrain avec des maillots à manches courtes (les Stéphanois frigorifiés avaient presque tous des gants), ils annonçaient qu'ils comptaient beaucoup s'agiter et ne pas prendre froid en re-

DEUX ÉCOSSAIS DE SAINT MIRREN SUR LA ROUTE DE REP
L'élégance n'est pas la nonchalance

gardant évoluer tranquillement les Stéphanois. Des Stéphanois qui retrouvaient Platini absent à l'aller en raison d'une élongation, un Platini qui le matin même avait été éliminé au célèbre jeu radiophonique « quitte ou double » de Radio Monte-Carlo en ne pouvant donner le nombre exact de sélections de... Robert Herbin.

Les Verts avaient besoin d'un but pour se qualifier. Dès la 14e minute, il était marqué, œuvre de Larios à la réception d'un centre de Rep. Et puisqu'il valait mieux en marquer un second pour se mettre définitivement à l'abri Larios récidiva quatorze minutes encore après la mi-temps d'un coup franc que l'on croyait réservé à Platini. C'était un peu la démonstration que les Stéphanois n'avaient pas un seul patron mais deux, et que durant toute la saison, le rôle de Larios serait au moins aussi important que celui de Platini. Ces deux, et que, durant toute la saison, venus. Non seulement ils assuraient la qualification, mais ils permettaient aussi de lever un peu les jambes quand, en fin de match, les Ecossais se transformèrent en coupe-jarret, avec quelques coups de pied ou coups de tête bien éloignés des coups au cœur qu'on peut attendre d'un grand spectacle sportif.

Toujours est-il que les Stéphanois étaient arrivés tranquillement en huitièmes de finale et sans avoir encaissé le moindre but.

Soudain le ciel manqua de leur tomber sur la tête quand fut annoncé le nom de leur prochain adversaire. Hambourg, le roi allemand, que l'on voyait tout dévorer sur son passage lors des séquences télévisées des buts étrangers. Hambourg et son public, Hambourg et son organisation, Hambourg et son géant Hrubesch, Hambourg et sa force.

Et le match survenait quelques jours après un Allemagne-France qui devait en dire un peu plus sur les forces en présence. Boum les canons ! boum la mitraille ! 4-1 et les petits Français s'en repartaient avec la plus lourde défaite de l'ère Hidalgo. Et s'il n'y avait eu que l'échec. Il y avait aussi les serpents qui sifflaient sur les têtes.

Platini, par exemple, Platini n'avait pas aimé du tout.

Lui et les siens avaient dû subir les pires commentaires. Et en titrant, à la « une », « Chacun à sa place », le quotidien sportif *l'Equipe* avait avivé sa colère.

On les prenait donc pour de petits garçons tout juste bons à recevoir la leçon, pour des footballeurs de second ordre, pour des gamins à l'aise dans la cour de l'école mais dépassés dans les grandes arènes internationales. Pour des « charlots », avait même dit quelqu'un.

Platini avait ressassé sa déception pendant des heures et des heures et s'il avait espéré l'oublier à la faveur de la rencontre de championnat contre Tours, il dut vite déchanter. Un coup de patte d'Onnis, une échappée de Ferrignon, et patatras... Les Verts, les fameux Verts se retrouvaient le nez dans le gazon de Geoffroy-Guichard avec dans le lointain le bruit de grands éclats de rire. Surtout que le même jour, Hambourg, l'ogre qui devait les dévorer quatre jours plus tard, passait onze buts à Francfort.

C'est ce jour-là que l'exploit a pris naissance. Ce jour-là, parce que les Stéphanois ont touché le fond de l'humiliation et qu'il ne pouvait s'ensuivre qu'une révolte. Ce jour-là parce que les Allemands ont oublié dans la facilité que chaque match est un autre match et qu'en sport la suffisance est toute proche de l'insuffisance.

Si les footballeurs de Hambourg, qui devaient donc être adversaires des Verts en huitièmes de finale de la Coupe UEFA, avaient pu se transformer en toutes petites souris grises dans les couloirs du stade Geoffroy-Guichard, ces jours-là, ils se seraient sans doute plus méfiés.

Partout ce n'étaient que mines sombres et yeux noirs. De temps en temps l'un lâchait quelques mots.

« Personne ne parle beaucoup actuellement. C'est bon signe. » (Janvion.)

« J'ai eu envie d'envoyer balader mes chaussures. Mais je suis sûr qu'Hambourg est à notre portée et je vais me révolter. » (Platini.)

« Chaque fois que nous avons pris une gifle, nous avons réagi sainement. Attendez et vous verrez. » (Rocher, président.)

« Voilà une belle occasion de nous racheter. » (Herbin.)

Incontestablement, la bête était blessée. Et ses réactions imprévisibles. Ainsi, lorsque l'entraîneur allemand, Jupp Derwal, déclarait : « Platini se prend pour un général de division qui lance ses troupes et regarde de loin, à la jumelle, ce qui se passe », il ignorait qu'il décuplait les forces du stratège stéphanois.

Ainsi lorsque Gunther Netzer, manager de Hambourg, laissait tomber : « Le tour contre Saint-Etienne sera plus ou moins une formalité », il ne se doutait pas qu'il donnait envie à tous les Verts de courir vers l'Allemagne pour lui faire rentrer ses stupides paroles dans la gorge.

Et quand le mardi matin toute l'équipe se retrouva à l'aéroport de Bouthéon, c'était un authentique commando qui partait en campagne. Avec à sa tête un général, Robert Herbin, plus rouquin que souriant, mais qui garde toujours dans sa poche quelques tours de génie dont il a le secret. Les Hollandais de Eindhoven en avaient fait l'expérience un an plus tôt.

Herbin bien sûr ne voulait rien révéler de ses plans de bataille mais il en avait parlé avec le président Rocher qui était ressorti de cette conversation en lançant : « Une véritable ligne de chevaux de frise ! » C'était annoncer un Saint-Etienne ultra-défensif, bardé de tous les côtés et se préparant à soutenir un siège.

Ou c'était une nouvelle ruse de guerre, ou le président Rocher n'avait rien compris aux plans de son entraîneur. Herbin l'imprévisible, Herbin l'énigmatique, Herbin le sage savait les Allemands pratiquement invincibles quand on ne trouble pas leur belle ordonnance et qu'on les laisse développer toute leur puissance.

Ces Hambourgeois étaient persuadés de trouver en face d'eux une formation stéphanoise recroquevillée sur elle-même. C'était le piège. Lorsqu'on a sous la main des Zimako, Platini ou Rep, on ne les transforme pas en besogneux de la balle en touche. On n'enferme pas de tels artistes. Mais où Herbin toucha au génie, c'est lorsqu'il décida de titulariser son lutin, Paganelli, avant-centre des Verts. Imaginez ce gosse haut comme trois ballons se frottant aux énormes défenseurs allemands qui terrorisaient tout ce qui se fait comme footballeur dans le monde.

C'était la clef du triomphe.

Rien pourtant ne serait arrivé sans, en plus, une formidable préparation psychologique. Pendant trois jours, chacun avait tourné toutes ses pen-

HARTWIG : TROP TARD POUR ZIMAKO
Le roi du zig-zag

CASTANEDA SANS PROBLÈME FACE A HAMBOURG
Tous le croyaient invincible

sées vers les 90 minutes qui l'attendaient au Volksparkstadion. C'était s'endormir en rêvant à Hambourg, se réveiller en étant face à face avec Hrubesch, recommencer dix fois la même reprise de volée, manquer vingt fois la même passe...

Et plus l'heure de la rencontre approchait, plus la tension montait. Dans les vestiaires on n'entendait pratiquement pas le moindre mot. Chacun se préparait soigneusement, sans bruit, les mâchoires serrées. De temps en temps les regards se croisaient et de Lopez à Janvion, de Zanon à Rep, tous savaient qu'ils donneraient le meilleur d'eux-mêmes et sans doute un peu plus. Les frissons qui leur parcouraient l'échine étaient annonciateurs de grandes émotions, mais aucun ne s'imaginait le scénario qui allait suivre.

Les spectateurs et les journalistes avaient encore tous présents à la mémoire les somptueux résultats de Hambourg ces derniers mois et la démonstration de la sélection nationale huit jours plus tôt, à l'image de Kaltz et de Hrubesch, deux hommes qui justement devaient encore mener Hambourg à l'assaut ce dernier mercredi de novembre.

Lors de l'échauffement, les deux joueurs allemands, comme la plupart de leurs coéquipiers, étaient apparus détendus et souriants, ne s'attendant visiblement pas à rencontrer beaucoup de difficultés devant les Français qui généralement baissaient très vite la tête devant eux. Un petit coup d'œil sur leurs adversaires aurait dû pourtant éveiller leurs soupçons. Les Verts se montraient toujours très concentrés, chacun se donnant des allures de torero qui entre dans l'arène ou de boxeur qui monte sur un ring, alors que du côté de Hambourg on se rapprochait plus de la colonie de vacances.

S'ils avaient su, les Allemands auraient laissé leur complexe de supériorité au vestiaire car ils allaient recevoir la gifle du siècle.

Ce que ce jour-là on a vu sur le terrain de Hambourg a dépassé les limites du vraisemblable. Comment imaginer qu'une équipe, finaliste de la Coupe d'Europe, leader du championnat d'Allemagne, invaincue à domicile depuis une éternité, soit ainsi mise en déroute ? Et avec une facilité insolente !...

Saint-Etienne aurait pu gagner à Hambourg par un tout petit but marqué sur contre-attaque, grâce à une erreur d'arbitrage ou en raison d'une quelconque blessure. On aurait alors parlé de belle performance, mais pas d'exploit. Or les Verts ont triomphé à Hambourg en dominant de bout en bout, en imposant leur jeu collectif et subtil, en mariant la manière et l'efficacité, et c'est là qu'est l'exploit.

Dès les premières minutes l'exécution apparut inéluctable. Les Allemands, de rouge et de blanc vêtus, forts de leur traditionnelle puissance, tournaient en rond, ronronnant presque, sans s'apercevoir que chaque coup de patte des Français était plus vif, plus inspiré. En vingt passes Hambourg était toujours au milieu du terrain, en trois Saint-Etienne était devant les buts. A la huitième minute, ainsi, Rep et Platini, en un échange instantané, avaient laissé la défense adverse comme plantée dans le gazon et un certain Hartwig en avait connu une telle panique qu'il avait marqué contre son camp.

Saint-Etienne menait 1-0, les Allemands étaient déjà au tapis. Il leur aurait fallu plus de ressources morales pour se relever de ce premier coup. Mais ils ne s'étaient pas préparés pour une lutte de tous les instants. Et bien vite ils sombrèrent en plein cauchemar.

Le vert virevoltait devant leurs yeux. Paganelli semblait leur passer entre les jambes, Platini être surnaturel, Gardon avoir enlevé les bottes de sept lieues du géant Hrubesch, Zimako courir plus vite que son ombre. Jamais ils n'étaient capables de garder la balle qui toujours revenait dans les pieds stéphanois. Il leur aurait fallu du calme, de la sérénité. Ils tremblaient, s'affolaient. Partout ils voyaient le diable, partout ils voyaient le spectre d'une déroute qui se profilait. Et qui très vite devint une réalité.

TROISIÈME BUT STÉPHANOIS, SIGNÉ LARIOS
Quand le milieu va, tout va...

Un coup franc magique de l'inévitable Platini : 2-0.

Une échappée de Larios : 3-0.

Un déboulé de Zimako : 4-0.

Une percée de Platini : 5-0.

Les spectateurs n'en croyaient pas leurs yeux. Leur colère s'amplifiait de minute en minute, et les Hambourgeois durent avoir très mal quand ils virent leurs habituels supporters quitter le stade avant la fin en les huant. Et à l'ultime coup de sifflet de l'arbitre, les Allemands étaient pétrifiés. Cloués au sol par l'immensité de leur défaite !...

En face, les Verts n'affichaient pas une joie exagérée. En 90 minutes ils avaient eu le temps de s'habituer à l'exploit et pour un peu ils l'auraient considéré comme naturel. Dans les vestiaires on les sentait bien savourer leur succès, mais sans excès. Tous savaient qu'ils s'étaient préparés pour l'exceptionnel et l'exceptionnel ne les surprenait pas.

« Ils croyaient qu'ils allaient nous manger tout crus, c'était notre force », disait Zimako. « Nous étions animés d'un sentiment de revanche », renchérissait Battiston. « Le football est un sport merveilleux », ajoutait Platini.

Un à un ensuite ils quittèrent, presque à regret, le vestiaire. Castaneda, qui n'avait toujours pas encaissé le moindre but en Coupe d'Europe ; Battiston, qui, devant sa télévision en Lorraine, avait si souvent admiré le football allemand ; Gardon, dont le souvenir hanterait les nuits de Hrubesch ; Lopez, qui serrait fort dans sa main le brassard de capitaine ; Zanon, incapable de réaliser ce qui venait de se passer ; Janvion, les yeux emplis de fierté ; Larios, rayonnant d'être entré au royaume des stars ; Platini, le magicien qui tenait sa revanche ; Zimako, souriant du bon tour qu'il venait de jouer ; Paganelli, encore mieux dans sa peau de Gavroche, titi des stades ; Rep enfin, redevenu une étoile mondiale.

Partout en Europe, on multipliait les superlatifs sur ce qu'ils venaient d'accomplir. Eux reprenaient leur sac pour repartir sur d'autres terrains. Leur vie de footballeur continuait.

Avec simplement une page de légende en plus...

Une belle...

Et un match retour à jouer. On l'aurait presque oublié et les Allemands sans doute s'en seraient bien passés. Encore traumatisés par leur déroute ils n'espéraient pas une revanche. Tout juste montrer bonne figure et repartir au plus vite chez eux. Ils pensaient jouer dans un stade à moitié vide mais c'était mal connaître le public stéphanois. Pour fêter leurs héros, ils étaient encore 40 000 et allaient être pratiquement les vedettes de la soirée. Certes Paganelli eut sa minute de gloire, la 10e, quand il marqua après un relais de Larios, mais ce sont bien les chœurs de Geoffroy-Guichard qui donnèrent le spectacle. Ils avaient débuté avec un gentil « ils ont les chocottes », avaient réclamé ensuite « Hrubesch une chanson », avaient enchaîné, moqueurs, « cui, cui, cui les Hamburgers sont cuits » avant de conclure dans la férocité : « Ah ! Hrubesch montre-nous tes fesses, ah ! Hrubesch montre-nous ton c... ! »

Il est vrai que les plus belles histoires se terminent toujours en chanson. Parfois la chanson est verte, parfois aussi elle peut être bleue ou même « super-blue », aux couleurs des fans d'Ipswich par exemple.

Eh oui, il était dit que les dieux feraient payer cher aux Stéphanois ce premier tour facile contre les modestes amateurs finlandais. Après Hambourg, Ipswich ! après le leader du championnat d'Allemagne, le leader du championnat d'Angleterre. Quelques semaines plus tôt, on aurait tremblé dans toutes les chaumières de la France profonde. Cet Ipswich qui venait du pays de Liverpool et de Manchester ne fleurait rien de bon, mais lorsqu'on a pulvérisé un Hambourg on peut balayer un Ipswich.

HRUBESCH, MALHEUREUX ENTRE CASTADENA ET ZANON
Ah Hrubesch, montre-nous tes fesses...

Alors Geoffroy-Guichard avait retrouvé toute sa fièvre du mercredi, hurlant quand les siens s'étaient montrés, sifflant à la vue d'Anglais si décontractés qu'ils s'échauffaient en jouant au base-ball avec des oranges.

Moins de deux heures plus tard la foule s'écoulait silencieusement avec dans les yeux deux dernières images : Lopez, le visage maculé de sang, revenant tête basse vers les vestiaires, et, un peu plus loin, onze Anglais, de bleu vêtus, multipliant les gestes de triomphe sous les applaudissements d'un public qui avait laissé pour une fois son chauvinisme au vestiaire.

L'une exprimait toute la détresse d'une formation stéphanoise cruellement meurtrie et retrouvant après les heures paradisiaques de Hambourg un cauchemar égal à celui de la saison précédente quand Moenchengladbach était aussi venu gagner 4-1.

L'autre rayonnait de toute la force, la générosité et la sympathie d'un ensemble qui, tranquillement, prenait place parmi les tout premiers du monde.

On croyait pourtant en mars 81 que les Stéphanois étaient à l'abri de tels accidents. Leur début de mach, leur poussée à la fin du premier quart d'heure, le superbe but de Rep à la conclusion d'un centre de Zanon (17e) prouvaient bien qu'ils étaient dignes de ce quart de finale et de mieux encore. Mais lorsque des Français rencontrent des Anglais on s'aperçoit qu'il arrive toujours un moment où ils cèdent physiquement.

« Devant, nous avions deux gosses de 18 ans, eux alignaient des hommes », laissera tomber un peu plus tard Michel Platini oubliant les misères que Paganelli avait faites à Butcher par exemple dans les cinq premières minutes pour ne se souvenir que du rôle de l'arrière à la base de trois des quatre buts de son équipe. Platini, avec qui il est souvent très agréable de converser après un match tant ses analyses sont empreintes de lucidité, aurait pu aussi, s'il n'avait pas été un peu KO ce soir-là, insister sur la facilité de déplacement des Britanniques dans la boue de Geoffroy-Guichard, sur leur détermination dans les contres, sur le jeu de tête capital dans la majorité des actions.

Lorsqu'on a la supériorité physique, il est ensuite plus facile de s'imposer

REP TENTE DE FUIR UN DÉFENSEUR D'IPSWICH
L'ennemi de toujours...

techniquement et tactiquement. La touche de balle de Gates, Brazil ou des deux Hollandais Muhren et Thijssen, la spontanéité des gestes de Mariner et d'Osman, la sûreté de Cooper et de Mills avaient quelque chose d'insolent et servaient merveilleusement les plans de bataille de leur manager. Pour Bobby Robson, il n'était pas question de mener un combat d'arrière-garde retranché devant ses buts. Il adore l'enthousiasme, la fougue, la générosité et il souhaitait voir son équipe se livrer de la première à la dernière minute. Devant cette tornade bleue qui soufflait avec tant d'intelligence, il aurait fallu des Verts sublimés. Ceux-là, du style Piazza ou Revelli, sont partis sous d'autres cieux et la nouvelle vague, tout aussi talentueuse est en revanche plus fragile.

« Le premier but nous a déboussolés », avouait ensuite Platini. Castaneda, qui attaquait son septième match de Coupe d'Europe sans avoir encaissé le moindre but, leur avait tellement répété qu'il continuerait ainsi que tous le considéraient comme pratiquement invulnérable. Le coup de tête de Mariner (28e) était comme une gifle en pleine figure et les faisait redescendre sur une terre d'où était exclue toute forme de rêverie.

« Le second but nous a assommés », dira aussi un peu plus tard Robert Herbin. Il était l'œuvre de Muhren (47e) d'un tir fantastique dès la reprise et il est vrai qu'il était un nouveau coup d'assommoir pour ceux qui avaient tout fait pour retrouver un moral.

« Ensuite ce fut désolant », condamnera Lopez évoquant la nouvelle réussite de Mariner (53e). « L'équipe est partie en brioche », ajoutera même Jean-François Larios qui n'avait pu s'opposer à un ultime coup de tête de l'Ecossais Wark (76e).

Sans ressort, sans moral, sans aggressivité (à l'exception de Lopez), les Stéphanois n'avaient plus aucune chance depuis longtemps et le 60e match de Coupe d'Europe de leur président s'achevait dans la tristesse.

Tout juste restait-il deux semaines plus tard à éviter de boire une nouvelle *cup of tea* au goût amer. Pendant 80 minutes les Verts y crurent. Le grand Butcher avait certes marqué aussitôt après le repos mais Zimako avait égalisé et un match nul en terre anglaise n'était pas si mal. Surtout que les Stéphanois opéraient avec un Platini visiblement handicapé. La veille du match il avait même annoncé son forfait mais on lui avait indiqué que son absence serait fort mal jugée et il s'était donc cru obligé de tenir tout de même sa place. Errant comme une âme en peine sur le terrain, il avait seulement retardé la guérison de son genou. Huit jours avant Hollande-France, c'était pour le moins une faute et dans l'état-major stéphanois tout le monde ne doit pas aujourd'hui avoir la conscience bien tranquille.

Platini en tout cas n'empêcha pas les Anglais de s'imposer finalement dans les dernières minutes par un penalty de Wark qui sanctionnait une main de Larios, et un tir de Mariner qui tenait à se rappeler au bon souvenir du sélectionneur national anglais.

Le feuilleton européen des Stéphanois s'achevait donc par deux défaites et il ne restait plus qu'à enterrer bien des illusions. Pourtant, lorsqu'ils seront devenus de vieux messieurs, ces Verts, qui ne le seront plus tout à fait, pourront raconter leurs souvenirs, et il leur faudra faire une place à part pour cette saison 80-81. « C'était l'année où à Hambourg... »

NOCTURNE A IPSWICH : PLATINI, GATES, BUTCHER, LARIOS, GARDON
Une belle brochette

L'AUTRE TRAC DE JEAN-MICHEL LARQUÉ

Il a été le capitaine du grand Saint-Etienne. Avec ses Verts, il a connu tous les honneurs, ou presque, vivant surtout de fantastiques aventures dans un stade Geoffroy-Guichard qui était devenu un peu sa patrie. Jamais il n'oubliera les folles fièvres du mercredi soir, l'illumination des grandes victoires, mais aussi les angoisses qui les précédaient.

Aujourd'hui, lorsqu'il retourne à Geoffroy-Guichard, Jean-Michel Larqué a troqué son habit de joueur pour celui de journaliste. Il était côté cour, le voilà côté jardin. Ainsi, pour le match Saint-Etienne - Ipswich, se trouvait-il tout en haut de la tribune de presse, à la gauche de Thierry Roland, et commentait-il en direct la rencontre sur Antenne 2. Pour les lecteurs du *Livre d'or* 1981, à qui il avait dédié la préface de l'édition 1975, Jean-Michel Larqué a bien voulu conter cette soirée et nous faire découvrir son nouvel univers. Un univers rempli aussi de peurs, de travail et de joies, un univers où, à grands coups de talent, il a pris en moins d'un an une place au soleil.

Douze ans de carrière sous le maillot vert de l'AS Saint-Etienne m'ont vu disputer, au travers de saisons de plus en plus riches, des dizaines de matches importants, et quelques autres que l'on a coutume d'appeler capitaux.

Dans cette catégorie, je classe tout naturellement les rencontres éliminatoires et décisives de la Coupe d'Europe. Au tout début de cette campagne nationale et internationale qui m'a permis avec toute l'équipe de remporter sept titres de champion, quatre coupes de France, de disputer une demi-finale puis une finale de Coupe d'Europe, je pensais que le trac qui m'envahissait dans les dernières heures précédant la rencontre allait, l'expérience aidant, disparaître peu à peu pour ne devenir qu'une appréhension passagère. Ce fut en fait très précisément le contraire qui se passa. Au fur et à mesure que mes responsabilités de cadre puis de capitaine se précisaient au sein du groupe, le trac devenait une véritable angoisse spasmodique qui se traduisait avant le match par des vomissements nerveux et qui se poursuivait après la rencontre par des insomnies qui duraient jusqu'à l'aube. Dans cet état, il m'était impossible de m'alimenter après le match ; un filet de sole faisait l'affaire, et mes compagnons de nuit préférés étaient des romans policiers dont la lecture ne nécessitait pas une attention soutenue. Le football me rendait malade.

Ce n'est pas la saison que j'ai passée sur le banc de Paris Saint-Germain — un banc qui, au milieu de la tempête déclenchée par l'affaire Hechter, ressemblait surtout à un siège éjectable — qui allait se révéler comme une thérapeutique efficace. Ce fut pire. A tel point qu'il m'a fallut bon gré, mal gré, décrocher d'un métier d'entraîneur que j'avais pourtant préparé de longue date et que, peut-être, je reprendrai dans quelques années... Lorsque mes pulsions se seront calmées.

Le moment d'une première reconversion après quinze années de football professionnel était arrivé. Rien de bien étonnant lorsque l'on sait qu'actuellement un individu, au cours de sa vie active, pratique en moyenne trois métiers différents. Mais rompre les liens, brutalement, avec une passion, comme l'est pour moi le football, ne me paraissait guère envisageable. Il me fallait rester au contact de mon sport, tout en

JANVION SE LANCE A LA POURSUITE DE GATES
Super ces blues !

ayant la possibilité de prendre du recul. En clair, éprouver les joies du football sans en subir les inconvénients. Le journalisme sportif m'offrait cette opportunité.

J'ai eu la chance d'entrer dans ce métier par une grande porte. Ce qui n'a pas manqué de susciter quelques jalousies. Presse écrite à *Onze,* qui est le mensuel numéro 1 du football et qui est également mon employeur principal, presse télévisée avec Antenne 2 pour des commentaires techniques étayant le descriptif de Thierry Roland. S'il existe pour tout journaliste la hantise de la feuille blanche, le fait d'écrire pour un mensuel permet de prendre son temps. Par contre, le direct télévisé doit arriver comme un coup de poing, net et précis. Sans formation spécifique de journaliste, c'est pour moi une activité exaltante, même si, dans sa phase préparatoire, elle me cause pas mal de tourments, surtout lorsque je dois épauler Thierry Roland dans un match que disputent les Verts. Je ne suis pas encore de l'autre côté de la barrière. Qui peut m'en blâmer ? Mon cœur est resté du côté de Geoffroy-Guichard. Et lorsque pour les quarts de finale de Coupe d'Europe UEFA, AS Saint-Etienne - Ipswich, je me rends à Saint-Etienne, j'ai encore des réflexes de joueur... Je prépare mon commentaire technique comme je préparais un match de Coupe d'Europe.

Cela commence, bien entendu, par la mise au vert. Avant, elle s'effectuait au Novotel Boutheon ; elle se réalise aujourd'hui au Frantel du Parc de l'Europe. Seul dans ma chambre d'hôtel, comme je l'étais avant les matches, mais avec beaucoup de documentation, d'archives, concernant surtout l'adversaire des Verts.

Demain, ce sera Ipswich Town. J'ai disséqué tous les échos de *France-Foot* et de *L'Equipe ;* j'ai l'image motrice des principaux joueurs grâce aux reportages photos de *Onze.* Toutes ces informations, je me dois de les connaître par cœur. Un commentaire en direct, surtout lorsqu'il s'agit de considérations psycho-technico-tactiques, doit être d'instinct, à chaud, sans hésitation... et avec précision. Comme une bonne passe de l'intérieur du pied.

Autre préoccupation, toujours dans le souci de réagir rapidement sur l'action : m'imprégner de la morphologie des Anglais en tenue de footballeur. Ipswich Town, comme toutes les équipes étrangères, a demandé et obtenu l'autorisation de s'entraîner la veille du match sur le terrain d'honneur, afin de s'habituer à l'environnement, à l'éclairage, afin d'avoir, pour le gardien, des points de repères. J'ai donc suivi les Anglais qui, eux aussi, sont logés au Frantel pour assister à leur dernier canter. Avec l'aide de mes documents d'abord, puis en me référant uniquement à ma mémoire visuelle, je passe en revue les joueurs anglais : Cooper, Osman, Mills, Butcher... Nous ne sommes que mardi, la veille du match, mais j'ai mis tous les atouts de mon côté pour réussir au mieux ce que Robert Chapatte m'a demandé : analyser le jeu et les gestes, si possible anticiper les actions. Il y a trop peu de temps que j'exerce ce métier pour être sûr de mon affaire. Anxieux par nature, j'ai besoin d'être sécurisé, et quelle meilleure sécurité que de connaître en long, en large et en travers, tous les acteurs du match de demain soir.

Avant de dormir, nouvelle et ultime révision avec un dernier coup d'œil sur mes notes.

Mercredi matin : 8 heures, la journée va être longue. Lorsque j'étais joueur, c'est la radio qui me faisait passer le temps. Aujourd'hui, alors que je suis journaliste, c'est le football qui va me changer les idées. J'ai, bien entendu, apporté mon équipement et, en compagnie de Jacques Vendroux, le gardien de but du Variétés Club de France, direction Geoffroy-Guichard, pour suivre, sous les ordres du « chef » Briet, l'entraînement des stagiaires de l'ASSE. Vous connaissez certainement quelques joueurs : Oleksiak, Lestage, Colleu, Rocher. Thème de la séance : tirs au but. Exercices d'échauffement tout d'abord, puis, seul ou sous formes de combinaisons, bombardement en règle des gardiens. Dernière séquence : jeux avec buts rapprochés pour multiplier les frappes avec opposition dans les conditions de match. Deux heures sont passées, une bonne douche et cela me mène à midi, où je vais faire la seule entorse à ma préparation. Le pamplemousse, steak riz, compote de pommes est remplacé par l'escalope de saumon à l'oseille, le carré d'agneau, les mignardises et la charlotte à la framboise. L'eau minérale est, elle aussi, absente ; on trouve plus facilement du champagne. J'estime que ce n'est pas très sérieux de ma part de m'adonner à ce sur-régime, mais je le fais sans commettre d'excès. Et pour répondre à l'invitation de mon ex-président, M. Rocher. 15 heures, retour à l'hôtel, télévision, puis repos jusqu'à 18 heures, où je retrouve dans le hall tous les journalistes de Paris arrivés pour l'événement. J'ai avec moi mon cahier où se trouvent les notes les plus importantes, le reste est dans ma tête. Ce cahier, je l'ai depuis le dernier championnat d'Europe des Nations, en Italie, où il m'a porté chance. Je suis superstitieux comme lorsque, étant joueur, je mettais ma chaussette droite avant la gauche, et je tiens à mon cahier.

18 h 30 dans le parking officiel de Geoffroy-Guichard, beaucoup de spectateurs aux alentours du stade, mais, pour me garer, toujours la même place. Ce parking en scories sert pour l'école de football. Il y a au beau milieu un but dans lequel je mets toujours la voiture. Encore une superstition.

Je salue au passage d'anciennes connaissances, mais une heure et demie avant le début du match, je suis déjà installé sur l'estrade de la tribune de presse, juste au devant de la cabine de sonorisation. Pour faire patienter la foule, surtout celle qui emplit les gradins debout situés derrière chaque but, les

BRAZIL MARQUE, ENTRE CASTADENA, MARINER, GARDON, BUTCHER
Messieurs les Anglais, tirez...

pupilles de l'AS Saint-Etienne et ceux de La Croix-de-l'Horme disputent le match de leur vie sur un terrain trop grand pour eux et dans des buts immenses pour les minuscules gardiens. Qu'importe puisqu'ils pourront dire : « J'y étais ! »

Thierry Roland s'est installé près de moi, toujours à droite, et il a pris les commandes. Appels à la régie, au chef des programmes, précisions sur l'heure où l'on aura l'antenne, sur ce qui se fait durant la mi-temps, puis, un quart d'heure avant le coup d'envoi, nous n'avons plus dans nos casques que le retour d'antenne. Sur l'estrade, j'ai à mes côtés du beau monde : Robert Chapatte, le chef de service, Bernard Pivot, qui ne manque pas un rendez-vous, et Pierre Cangioni, venu à titre personnel. 8 h 26, la présentatrice lance le match : « Nous rejoignons tout de suite Geoffroy-Guichard, où Thierry Roland et Jean-Michel Larqué nous attendent pour suivre la rencontre AS Saint-Etienne - Ipswich. »

C'est parti. Avec immédiatement une mise en place de l'événement par Thierry Roland, qui fait cela en toute décontraction, avec une netteté de vrai professionnel, pour rapidement me mettre dans l'action. Attention au premier ballon, attention à la première intervention. Mais Thierry Roland ne me donne pas une balle pourrie, il me lance toujours dans les meilleures conditions.

Et dès lors que l'arbitre a sifflé le coup d'envoi, je me sens à nouveau décontracté. Deux, trois minutes d'observation, et il faut qu'en quelques mots je dégage l'essentiel des caractéristiques tactiques des deux équipes : disposition classique en 4-3-3 et défense individuelle côté stéphanois, organisation en 4-4-2 et défense de zone du côté anglais. Avec, par la suite, la possibilité d'expliciter ces points pour les moins connaisseurs. Puis, pris par l'ambiance du match, par le rythme des actions, j'interviens dès que se présente une phase exceptionnelle ou un geste technique peu ordinaire. Il faut réagir très vite en football. Je n'ai pas la possibilité comme l'a Albaladejo, en rugby, d'attendre des phases statiques telles que la touche ou la mêlée. Je ne dois pas empiéter sur le descriptif, ce n'est pas mon rôle. Il me faut sortir des sentiers battus de la banalité, revenir avec précision (je me répète) sur les ralentis, dégager les caractéristiques de jeu, sentir les moments décisifs d'une rencontre, observer les changements tactiques, répondre aux questions que se posent, par Thierry Roland interposé, les téléspectateurs. Je me dois de rester neutre et si, comme dans ce match Saint-Etienne - Ipswich, je sens Thierry Roland abattu par la tournure des événements, de mon côté, je poursuis en toute objectivité mon analyse technique.

Le commentaire technique est totalement tributaire du spectacle et de la qualité des acteurs. Il est des matches où se succèdent une série de neutralisations qui empêchent tout développement d'exploits individuels ou de progressions collectives. Si tel est le cas, je reste le bec dans l'eau, à moins d'expliquer les raisons d'une telle platitude. Heureusement, dans ce match Saint-Etienne - Ipswich, les sujets à développer ont été nombreux. Surtout de la part de ces surprenants Anglais. Mais faire le bilan de mes interventions concernant aussi bien leur opportunité que leur qualité, j'en suis bien incapable à la fin d'une rencontre. Il s'agit là d'un jugement subjectif qui n'a rien à voir avec la réalité d'un tableau d'affichage. Mon stress n'est pas terminé. Je veux entendre plusieurs sons de cloche concernant mon reportage. Joueur, c'était ma femme qui me faisait les premières critiques, très souvent partisanes, c'est normal. Désormais, c'est à elle que je téléphone pour savoir « comment cela est passé à l'écran ». Plus objective est, me semble-t-il, l'intervention de Robert Chapatte. A la fin du repas d'après match, mon chef de service m'a pris en aparté. Il m'a vu et m'a écouté travailler. Il est très satisfait de ma collaboration avec Thierry Roland, avec toujours un problème de voix à améliorer. Il est vrai qu'à côté de la voix « métallique » de Thierry Roland la mienne semble bien « blanche ». Je la travaille pourtant, elle est moins asthmatique qu'au tout début mais j'ai encore des progrès à faire de ce côté-là.

Cela dit devant la satisfaction de Robert Chapatte, s'achève la tension que je connaissais depuis le début de l'après-midi. Le reste ne sera que du bonus. Dans l'avion de retour qui me ramène de Lyon à Paris, sans fausse modestie, j'éprouve beaucoup de joie à la lecture des critiques télés de *l'Equipe*. Alain Cherman, le responsable de la rubrique, souligne « l'excellente complémentarité du tandem T. Roland-J.-M. Larqué, ce dernier apportant son expérience des matches de haut niveau ».

Lorsque j'étais joueur, j'étais sensible aux réactions de la presse, souvent en accord d'ailleurs avec mon impression. Pourquoi le nier, aujourd'hui que j'ai franchi une partie de la barrière, je reste sensible aux réactions de l'environnement. Je ne crois pas aux fanfarons qui se moquent du « qu'en dira-t-on ».

Autre, merveilleuse surprise à mon retour à Paris, sur mon bureau de la rédaction de *Onze*, une lettre de Raymond Castans, le directeur de RTL. C'est un peu mon père spirituel, c'est lui qui m'a mis le pied à l'étrier et m'a encouragé à faire ce nouveau métier. « Je suis fier de vous », m'écrit-il. C'est trop d'honneur. Mais pourquoi bouder mon plaisir aujourd'hui, puisque je sais que lors du prochain direct je vais encore avoir une boule dans la gorge, et un nœud à l'estomac. Tout comme lorsque j'étais joueur...

LA GIFLE, LE SOUFFLET ET LA CLAQUE

Il doit avoir bonne mine aujourd'hui le petit malin qui avait lancé ce mot qu'il croyait d'esprit : « La France est la championne du monde des matches amicaux. »

Que dit-il après cette saison dernière où la France a reçu une gifle allemande, un soufflet espagnol et une bonne paire de claques brésilienne ? Trois matches amicaux, trois défaites. Quatre sorties en Coupe du Monde, trois victoires. Voilà qui devrait mettre définitivement fin à une légende, même si Michel Hidalgo aurait préféré voir ses Bleus faire meilleure figure aussi bien à Hanovre qu'à Madrid ou au Parc des Princes face aux artistes brésiliens. Trois rencontres totalement dissemblables, trois façons aussi de s'incliner, trois styles de défaites, trois mauvais souvenirs.

D'abord l'Allemagne donc. Chacun savait en se rendant à Hanovre que le danger était au bout du chemin et qu'en face on trouverait de drôles de paroissiens possesseurs d'une carte de visite où se côtoyaient un titre de champion du monde (1974), une place de finaliste (1966), une autre de troisième (1970), des titres et quelques victoires en Coupe d'Europe des clubs par Bayern, Moenchengladbach ou Francfort interposés. Sans compter qu'en Allemagne ils sont régulièrement plus de quatre millions à jouer au football.

Ce soir-là ils n'étaient que onze, ce qui allait s'avérer largement suffisant, et le meilleur d'entre eux Karl Heinz Rummenigge était même resté en civil. Touché à un mollet lors d'un match de championnat la semaine précédente, la flèche blonde du Bayern avait dû se résoudre au forfait le matin du match. Nous avions passé quelques minutes ensemble, pendant l'échauffement à côté du but de Schumacher et il m'avait confié combien il était déçu. « J'ai beau passer la plus grande partie de ma vie sur les terrains je suis toujours peiné de devoir rester dans une tribune alors que d'autres jouent. Raison de plus lorsqu'il s'agit d'un match international devant 60 000 spectateurs. » Nous avions ensuite évoqué les difficultés des attaquants modernes face au jeu dur, la prochaine Coupe du Monde, sa certitude de voir le Bayern enlever le titre allemand, et notre conversation s'était achevée sur une touche d'humour quand, devant mon regret exprimé de ne pas le voir évoluer ce soir-là, il m'avait répondu : « Ce qui veut dire que vous auriez souhaité ma présence parce qu'elle aurait affaibli l'équipe d'Allemagne et renforcé les chances de la vôtre ?... »

Je ne sais pas si l'Allemagne aurait été encore plus forte, mais Michel Hidalgo notamment la trouvait suffisamment solide ainsi. Avec l'équipe de France il avait déjà connu six défaites mais jamais par cet écart de trois buts

CHARLES BIETRY, L'AUTEUR, ET RUMMENIGGE
Dialogue impromptu

JANVION ET SPECHT ONT LACHÉ HRUBESCH. BUT ALLEMAND
Ah Hrubesch, montre-nous ta tête...

(4-1) qui sanctionna les débats. Jamais après une telle leçon. Et au soir de cet échec le sélectionneur qui n'a pas pour habitude de cacher ses émotions affichait un petit sourire triste et résigné qui en disait long sur sa déception.

« C'est vrai, avouait-il, c'est un KO, une sensation nouvelle que nous ne connaissions pas. Désagréable. Attristante, affligeante. Bien sûr, nous savions quelles étaient nos forces et surtout nos faiblesses mais les Allemands n'ont pas hésité à mettre un doigt cruel sur nos défauts. » Face à un football tout en mouvement et tout en puissance ces lacunes avaient été encore plus mises en évidence. En dehors des qualités individuelles qui feront qu'un Hrubesch ou un Briegel seront toujours allemands et jamais français, le manque de rigueur de l'équipe de France avait été flagrant. Ce manque de rigueur s'était traduit par une inefficacité de l'attaque, malheureusement habituelle depuis des années mais aussi par des fautes d'inattention de la défense et c'était plus inquiétant.

« Lorsqu'on joue à un tel niveau, devant de tels adversaires, commentait encore Hidalgo, une seconde d'inattention équivaut à un but. Et quand en plus on a affaire à un Hrubesch... »

L'avant-centre de Hambourg, géant de la soirée télévisée, sortait d'un autre monde. On savait qu'il était un joueur de tête d'une dimension exceptionnelle, mais il devait prouver qu'il savait être bien plus.

« Jamais je n'ai vu un avant-centre d'une telle valeur, murmurait ensuite Specht très marqué par le combat qu'il avait livré et perdu. Il est adroit, puissant, d'une rare intelligence tactique. Il sait fuir, revenir, jaillir où l'on ne l'attend pas et aujourd'hui je ne sais toujours pas quelle est la solution pour le gêner. »

Hrubesch ne fut pourtant pas le premier à faire mal aux Français à Hanovre. Ce fut un petit homme en noir visiblement peu à sa place au sein de l'élite, arbitre de profession, Norvégien de nationalité, et qui multiplia les erreurs. La première était d'offrir un penalty à l'Allemagne dès la 6e minute pour une minuscule obstruction de Janvion sur Allofs. Les Bleus n'avaient pas besoin d'un tel coup du sort pour les troubler mais la suite devait prouver que ce M. Nyus n'était pas malhonnête. Trente-trois minutes plus tard, c'est aux Français qu'il servait sur un plateau doré un autre penalty seulement parce qu'il avait vu Zimako trébucher devant Foerster. Ainsi Larios avait-il le plaisir de marquer un but à Schumacher, mais c'était insuffisant pour revenir à la hauteur des Allemands. Entre-temps Briegel avait inscrit l'un des buts les plus extraordinaires de la saison en partant à quarante mètres de Dropsy, semant sur sa route Bossis, Larios, Tigana et Amisse et concluant finalement d'une admirable pichenette du pied droit.

Briegel avait montré là une supériorité à la fois physique et technique, l'ensemble de Jupp Derwall démontra ensuite sa finesse tactique. Laissant à Tigana, Platini, Larios une fausse maîtrise du milieu du terrain, ils obligeaient les Français à s'enhardir et à se découvrir. Belle occasion pour contrer, belle occasion pour Hrubesch de se distinguer sur un coup franc de Kaltz d'abord (67e) puis à l'avant-dernière minute en donnant lui-même le quatrième but à Klaus Allofs.

Les percées assez extraordinaires de Zimako, l'activité de Rocheteau, la précision d'Amisse ne changeaient rien à l'affaire. Le score était sans appel, la gifle retentissante. En regardant les notes que j'avais prises pendant la rencontre j'arrivais personnellement à une conclusion. J'avais d'un côté quinze

JANVION DEVANT KLAUS ALLOFS
Penalty proche

actions dangereuses des Allemands et quatre buts, de l'autre huit mouvements français et un but. Le calcul était vite fait. Les Allemands s'étaient montrés deux fois plus pressants, mais surtout il leur fallait quatre actions pour marquer un but, les Français deux fois plus.

Ce chapitre éternel des occasions manquées revint à la « une » trois mois plus tard. En Espagne, à Madrid exactement, d'où Hidalgo repartit avec un sentiment d'impuissance plus fort que jamais. Il avait beau croire à son équipe de France, être persuadé qu'elle reviendrait en Espagne avec les vingt-trois autres qualifiés de la prochaine Coupe du Monde, il ne pouvait s'imaginer qu'elle était capable d'un tel gâchis que celui de ce 18 février. Examinez les comptes avec lui :

17e : Centre de Janvion. Tête de Larios. But refusé par l'arbitre roumain, M. Jurja.

25e : Tête de Platini, main de Zamora. M. Jurja reste muet.

32e : Six, seul, bute sur Arconada.

TÊTE ET BUT DE LARIOS QUE L'ARBITRE REFUSERA
La vache espagnole !

55e : Bossis, seul, se laisse subtiliser le ballon par le gardien espagnol.

60e : Coup franc de Platini sur la barre.

70e : Lob de Larios démarqué. La balle retombe juste derrière la barre.

82e : Janvion, à quatre mètres, manque une tête puis la reprise du pied deux secondes plus tard.

Il était presque invraisemblable de ne pas transformer une de ces seules occasions. Les Français devaient réussir ce petit tour de force et même en ajouter un autre, ultime soufflet, concéder un penalty à quatre minutes de la fin pour une charge de Specht sur Santillana.

Certes dans les vestiaires il était de bon ton de multiplier les critiques envers l'arbitre mais personne n'osait élever la voix, conscient qu'il y avait plus grave dans cette soirée. Hidalgo y innovait en adoptant une sorte de 4-4-2 qui était loin d'être un schéma strict. Il espérait voir Platini et Larios se relayer au poste d'avant-centre, mais le système se révéla assez bâtard, surtout parce que Platini, surveillé par le dangereux Camacho, avait tendance à rester bien loin du front de l'attaque. De plus, à moins de disposer d'attaquants d'exception, les milieux de terrain, pour faire la décision, doivent venir de fort loin et ils perdent ainsi de leur adresse et de leur spontanéité, sauf s'ils sont physiquement du genre Briegel.

De Madrid, Hidalgo revenait donc avec une déception mais il la nuançait : « L'équipe de France était là-bas une véritable centrale de gaspillage, disait-il. Que d'occasions manquées au cours de cette rencontre ! Mais si elle répète ce match contre la Hollande il est impossible que le même scénario se reproduise et que nous ne marquions pas. Les joueurs m'ont tout de même fourni un aspect positif. Ils se sont battus comme des diables, montrant leur attachement à la sélection, même en match amical, et je tiens à donner un coup de chapeau particulier à Moizan et Larios, symboles de notre nouvel état d'esprit qui a vu disparaître les anciens complexes que l'on pouvait avoir à l'extérieur. »

Un coup de chapeau qui ne pouvait effacer que le même jour, engagés sur trois fronts contre les Espagnols, les équipes de France A, A' et Espoirs n'avaient pas marqué le moindre but.

« Bien sûr, on va encore pleurer qu'il n'y a pas en France d'avant-centre capable de les mettre dedans, me téléphonait le lendemain Eric Pécout, toujours accablé par les ennuis physiques. Mais comment veux-tu qu'il en arrive un ? Les dirigeants passent leur temps à engager des étrangers. Il est reconnu qu'un bon avant-centre n'atteint son maximum qu'après vingt-six - vingt-sept ans, quand il allie l'expérience et l'instinct. Chez nous il faudrait qu'il crève l'écran à dix-huit ans pour qu'on ne lui mette pas dans les jambes un concurrent venu d'ailleurs, souvent de très bonne valeur. L'année dernière on avait attiré Victor Trossero à Nantes, tu verras que l'année prochaine on ira chercher un autre Argentin ou un... Yougoslave. »

L'avis de Michel Hidalgo n'est pas très différent de celui de Pécout et lorsqu'il essaie de mettre sur pied des stages pour les jeunes attaquants, c'est à ce problème qu'il s'attaque...

Cet Espagne-France était oublié depuis longtemps — Pays-Bas-France et France-Belgique étaient passés par là — quand, pour clore la saison, onze maillots entrèrent au Parc des Princes entourés de toute la légende brésilienne. « Ce sera la fête », avait promis Hidalgo qui espérait en secret réussir aussi bien qu'en 1978, année d'une historique victoire à Paris. Une fête que le sélectionneur appréhendait un peu pourtant. « J'étais à Wembley, m'avait-il raconté la veille à l'hôtel Val Bièvre,

PENALTY DE JUANITO. CASTANEDA EST BATTU
La mise à mort

ZE SERGIO S'EN VA. BOSSIS, MOIZAN ET JANVION S'ÉCROULENT
Les artistes sont revenus

et j'y ai vu une très forte formation brésilienne avec à sa tête un Zico que nous ne connaissons pas bien. Nous ne l'avons jamais vu à sa véritable valeur mais je suis sûr maintenant que c'est un joueur fantastique et j'ai bien peur qu'il nous le prouve demain. »

En public Michel Hidalgo ne laissait pas apparaître un tel pessimisme, exprimant plutôt sa confiance, mais là, autour d'une bouteille de champagne offerte par un Henri Guérin qui entrait en clinique deux jours plus tard, il n'était pas question de masquer les difficultés qui attendaient son équipe de France. Ce qui en restait du moins. Non seulement manquaient à l'appel Platini, Larios, Rocheteau ou Lacombe, mais, ce qui était plus grave, les présents étaient tous usés par un long championnat auquel s'ajoutaient pour la moitié d'entre eux les fatigues de la Coupe d'Europe.

Devant eux des Brésiliens, respirant toujours la même joie dès qu'un ballon est proche, et qui avaient une raison supplémentaire de se surpasser, la présence dans les tribunes de leur roi, de notre roi à tous, Pelé. Il était venu à Paris pour y recevoir un étrange trophée, récompensant le champion d'un siècle qui a encore dix-neuf ans à vivre, mais ne chicanons pas le plaisir de revoir un merveilleux champion, même s'il est devenu une cible privilégiée des publicitaires. Les 50 000 spectateurs du Parc des Princes ne s'y trompèrent pas et la formidable ovation qui lui fut réservée dut faire pâlir de jalousie bien des leaders politiques.

Souvent sévère pour les sélections brésiliennes qui s'étaient succédé ces dernières années, Pelé cette fois put applaudir des deux mains la démonstration des siens. Avec à leur tête Zico, qui n'est certes pas le Pelé blanc, ainsi qu'on l'avait trop vite surnommé, mais qui a dans les pieds quelque chose qui ressemble à du génie.

Ainsi à la 21e minute sut-il s'enfoncer dans le dos de Trésor et de Lopez pour avaler gloutonnement un service parfait de Socrates et battre Dropsy. Ainsi, encore six minutes plus tard, sut-il être au départ d'une action relayée par Eder et conclue par Reinaldo pour un deuxième but qui donnait un peu plus d'ampleur à la supériorité brésilienne. Peut-être aurait-elle été moins évidente si les Français, comme dans un match ordinaire de compétition, avaient joué avec plus de hargne, s'approchant plus près de l'adversaire, jetant plus de forces dans la bataille ?

Mais on leur avait tant répété que c'était une soirée de gala, que tout le monde opérait à fleuret moucheté, plus avec des gestes de chat qu'avec des coups de patte de tigre. Et lorsqu'on laisse la place au spectacle, que la finesse et la technique n'ont pas à redouter l'engagement physique, alors les Brésiliens sont irrésistibles. Bossis avait beau multiplier les dribbles, Tigana réussir deux « petits ponts » sur Zico, Six être digne du maillot carioca, les artistes étaient en face. Pour le plus grand bonheur des spectateurs qui auraient pourtant aimé que la barre de Paulo Sergio ne repousse pas une belle reprise de Philippe Anziani, un gamin qui n'était pas né quand Pelé enlevait sa première Coupe du Monde en 1958.

Et si quelqu'un avait douté que le Brésil fût à nouveau sur le chemin qui mène vers les sommets, le troisième but de Socrates, véritable joyau ciselé à coup de dribbles aériens, l'aurait définitivement convaincu.

Et c'est au moment où l'équipe de France semblait en plein naufrage que Tele Santana et Didier Six conjuguèrent leurs efforts pour la sauver. L'entraîneur brésilien en changeant ses deux arrières centraux et en déréglant sa belle mécanique, Didier Six, en trouvant la récompense de ses efforts par un tir du pied droit, mais oui du pied droit, qui justifiait sa réputation de buteur anti-brésilien.

Comme réveillés soudain à la fin de la leçon du maître, les petits Bleus d'un seul coup jouèrent un autre match. Une tête de Six sur le poteau, une volée de Delamontagne manquée à quatre

ATTENTAT D'OSCAR CONTRE DIDIER SIX
Ce ne sont pas tous des poètes

ZICO MARQUE DU PLAT DU PIED. TRÉSOR ET MOIZAN SONT LOIN
Les premiers pas de la samba

mètres du but, un tir un peu trop croisé de Lecornu étaient autant de frissons de plaisir, infiniment plus sympathiques que l'ultime expulsion de Six, visiblement peu en accord avec l'arbitre.

« Nous n'avons pas à rougir, le Brésil était supérieur », dira ensuite Hidalgo. C'est aussi ce qu'avait dit son collègue anglais trois jours plus tôt. C'est encore ce que dira son collègue allemand trois jours plus tard. Mais que diront-ils donc à l'issue de la Coupe du Monde 1982 ?...

ZICO, REINALDO ET CEREZO AVEC LE SOURIRE. SPECHT A TERRE
C'est le deuxième but brésilien

CHER MONSIEUR TÉLÉ-FOOT...

Il en arrive en moyenne dix par jour. Dix lettres de téléspectateurs qui protestent contre l'heure tardive de diffusion, qui veulent savoir comment l'on devient journaliste ou comment l'on devient footballeur, quel est l'âge du capitaine, le score d'Arsenal-Manchester en 1923 ou la couleur du maillot blanc de Di Stefano. *Télé-Foot 1* est aujourd'hui entré dans les mœurs à la fois de la télévision et du football, et Pierre Cangioni, maître d'œuvre de l'émission, ne néglige jamais la moindre missive. Il répond pratiquement à tout le courrier, surtout celui des enfants qui débute souvent par : « Cher Monsieur Télé-Foot... ».

Pour les lecteurs du *Livre d'or*, il a ressorti les vieux cartons où s'entassent les lettres. En voici quelques-unes.

Je m'appelle Thomas Z... J'ai six ans. J'aime beaucoup le football et surtout voir marquer des buttes. Alors je regarde Télé-Foot 1 le samedi soir mais je m'andorre presque chaque foit avant le début de l'émission surtout quand mon Papa ne ve pas regarder avec moi.

Le landemin, il se moque de moi, alors je vous demande de passez l'émission plus tôt le soir. Comsas je pourrais voir tous les buttes.

J'espère que vous pourez tout arengez.

Je vous embrasse.

Thomas.

⁂

Savez-vous à quoi a servi votre émission depuis qu'elle existe ? A foutre la m... chez moi. Et pourtant...

Je participe à tous les matches télévisés, je sais réunir des amis autour d'un match. Cela fait dix ans que je suis mon mari, joueur d'un club de la banlieue, sur les terrains. Mais tous les samedis soir, cela devient insupportable. On ne peut être invités que si les gens acceptent d'allumer leur poste à l'heure H de Télé-Foot 1.

Aucune sortie n'est prévue si nous ne rentrons pas à l'heure H.

Et quand il arrive que l'émission passe à des heures tardives, il faut supporter tout ce qui précède avant l'heure H.

Enfin, quand l'émission est là, il faut faire place nette pour l'événement qu'est Télé-Foot 1 pour mon débile de mari.

Bravo à tous ceux qui ont créé cette émission, sans parler des autres qui au cours du week-end ne font que la répéter.

Christine G...

⁂

Pourriez-vous mettre Télé-Foot plus tôt car le samedi après-midi je joue au football et le soir je suis fatiguée. Je tiens le coup difficilement. Ce serait beaucoup mieux à la place de « Numéro 1 », car cette émission est vraiment bidon.

Patricia C...

⁂

Je ris aux larmes quand je vois la dernière séquence de votre émission sur l'air de « Mais non, mais non, tralalère, mais non, mais non, etc., etc. »

Je vous demande en grâce de la passer au début de votre émission. J'ai été très sportive dans mon jeune temps, mais aujourd'hui, à 70 ans, attendre 23 h 30 pour aller me coucher est un peu tard, surtout que mon mari est très jaloux.

Madame A...

⁂

Je viens vous demander aux noms de tous les petits enfants de France de bien vouloir mettre l'émission Télé-Foot 1 le mardi soir à 20 h 30 car nous n'avons pas classe le mercredi et pouvons regarder la télévision le mardi soir.

Pour nos papas, vous laisserez bien entendu l'émission le samedi soir à 22 heures.

Franck (6 ans).

⁂

J'aimerais connaître la composition de l'équipe du FC Nuremberg, année 68-69, de Stuttgart (69-70) et de l'équipe qui remporta la Coupe d'Allemagne au Wald Stadium de Francfort en 1966.

Michel G...

⁂

Je suis un fervent supporter lensois, et je voudrais vous rappeler les occasions où Télé-Foot 1 est venu suivre un match le samedi soir à Lens ces dernières saisons :

Lens-Nantes 0-1, Lens-Bastia 3-4, Lens-Sochaux 1-3, Lens-Metz 1-2, Lens-Orléans 2-2, Lens-Brest 1-3.

Ce qui fait pour six matches, 1 nul et 5 défaites.

Aussi, si vous avez un minimum de respect pour le Racing Club de Lens, ses joueurs, ses dirigeants et son merveilleux public, vous ne reviendrez plus suivre le samedi soir de match au stade Bollaert.

Patrick G...

⁂

Notre professeur de français nous a donné à faire une rédaction sur le métier que l'on aimerait faire plus tard : racontez une de vos journées. Comme métier, j'ai choisi journaliste chargé des sports. Mais je n'ai pas beaucoup d'idées. Pourrais-tu me raconter une des tiennes (n'importe laquelle fera l'affaire). Mais pourrais-tu me l'envoyer avant le 15 octobre, parce que c'est le jour où je dois rendre ma rédaction.

Isabelle M...

⁂

Pourrais-je avoir deux cartes s'il vous plaît, l'une pour les matches de championnat, l'autre pour ceux de l'équipe de France.

J'aimerais les avoir très rapidement pour que je puisse assister au Parc des Princes à Paris SG-Laval, qui se déroule la semaine prochaine.

Merci d'avance.

Michel G...

⁂

Voilà ! Moi et mon équipe voudrions lancer un défi à l'équipe de France professionnelle (ou éventuellement à Saint-Etienne). Le match se déroulera le dimanche 24 juin, 14 h 30, au Parc des Princes ou à la Poterne des Peupliers. Pour eux ce serait un bon match d'entraînement.

Ce qui est primordial aussi c'est que vous nous donniez la réponse dès samedi soir sur l'antenne de Télé-Foot 1.

André C... (13 ans)

⁂

Je suis une toquée du foot. Pouvez-vous me donner un renseignement ? Pendant les vendanges, j'ai fait la connaissance d'un jeune Ecossais, professeur de sports de vingt-quatre ans, qui m'a dit qu'il jouait au football dans l'équipe nationale d'Ecosse.

J'ai des photos de cette équipe, mais ni lui ni son nom n'y figurent.

Donc, je voudrais savoir si les footballeurs gardent leurs vrais noms pour jouer ou alors si celui-ci m'a monté un bateau.

Ghislaine D...

⁂

Comme vous, je peste souvent contre la difficulté, voire l'impossibilité de faire positionner un « mur » à 9,15 mètres sur un coup franc important.

J'ai pensé à un petit dévidoir de poche qui permettrait de faire respecter le règlement. Ce petit appareil très léger serait porté par l'un des juges de touche, et l'arbitre ferait appel à lui pour les coups francs situés à proximité de la surface de réparation.

Jean-Pierre B...

LE BAL DES « DEBS »

De Glasgow à Saint-Etienne, de Milan à Madrid, de Bastia à Munich, la Coupe d'Europe m'a emporté dans un tourbillon de football. En quinze ans, j'ai vécu les moments les plus fous, les plus pathétiques, les plus grandioses, les plus drôles, côtoyé les joueurs les plus géniaux et les publics les plus odieux, connu des ambiances de feu ou des stades de désolation. Et lorsque le journaliste que je suis boucle son sac pour le départ d'un nouveau tour de Coupe d'Europe, il est le plus heureux des hommes. Pourtant, il restera toujours un souvenir plus fort que les autres, qui ne disparaîtra jamais, celui du premier reportage, celui de la première fièvre du mercredi soir, celui de la première aventure européenne.

Guy Mislin, nouveau venu à l'Agence France-Presse, allait vivre cet événement en suivant, au mois de septembre 1980, le FC Sochaux. Deux « debs » qui s'en allaient pratiquement faire leurs premiers pas dans les valses européennes. Sans doute pour un petit tour, pas plus, mais l'occasion pour les lecteurs du *Livre d'or du Football 1981* de vivre, à travers les yeux neufs de Guy Mislin, un des épisodes de la Coupe d'Europe. Avec lui et ses Sochaliens, nous partions, pensais-je, pour un voyage de quelques heures et quelques pages. Ce devait être un feuilleton de plusieurs mois, un peu plus surprenant chaque jour, et c'est cette aventure qu'il nous conte maintenant avec le même enthousiasme et la même verve qu'ont manifestés de Genève à Alkmaar ses lionceaux de compagnons.

Tous les footballeurs qui y ont goûté, ne serait-ce qu'une fois, vous le diront : « La Coupe d'Europe, c'est comme une drogue : on ne peut plus s'en passer. »

Journaliste, débutant au reportage sportif de *l'Agence France-Presse,* j'ai découvert à mon tour l'ambiance enivrante de la Coupe d'Europe, au cours de la saison écoulée et je crois bien être mûr pour l'overdose...

L'aventure a commencé pour moi le 9 juillet 1980. Ce jour-là, je m'en souviens, j'avais les yeux fixés sur le télex, attendant, avec une impatience mal contenue, le tirage au sort du premier tour, en direct de Zurich. A la distribution des cartes, j'avais « tiré » Sochaux, le « cendrillon ». Normal : j'étais le dernier arrivé et les anciens s'étaient « jetés » sur Nantes, Saint-Etienne et Monaco.

Et le télex a crépité : « Football Zurich - Coupe de l'UEFA : le FC Sochaux sera opposé au Servette de Genève. Match aller le 17 septembre à Sochaux. » Je ne me doutais pas alors que ce 17 septembre allait marquer pour moi le début d'une grande et passionnante aventure avec les « lions » de Sochaux.

Dire que j'ai atteint le nirvâna avec eux, comme ceux qui ont suivi l'épopée stéphanoise entre 1975 et 1977 ou ceux qui, d'exploits en exploits, ont accompagné Bastia jusqu'à la finale de la Coupe de l'UEFA serait inexact. D'abord parce que le stade Bonal ne sera jamais Geoffroy-Guichard ou Furiani, ensuite parce qu'avec Sochaux l'ambiance est montée doucement, progressivement.

Il n'empêche. Ces Sochaliens, dont on ne donnait pas cher au départ, m'ont permis d'aller jusqu'en demi-finale de la Coupe de l'UEFA, m'ont fait aussi souvent trembler de peur que vibrer de plaisir, et, grâce à eux, je n'ai maintenant qu'une hâte : pouvoir « planer » de nouveau à Francfort, Porto, Alkmaar ou ailleurs.

Le jour du tirage au sort, les « spécialistes » de Nantes et de Saint-

Etienne arboraient un large sourire : le premier était tombé sur les Irlandais de Linfield et le second sur les Finlandais de Kuopio. L'assurance, en quelque sorte, de passer au moins un tour et de se régaler encore pendant que les « malheureux » resteraient à Paris, devant leur écran de télé.

En revanche, le copain « affecté » à Monaco avait grise mine : les hommes de la principauté étaient tombés d'entrée sur Valence, tenant de la Coupe des Coupes... Dur. Moi, j'étais mi-figue. mi-raisin.

Dans un sens, le Servette valait mieux que Manchester United, Barcelone ou Hambourg pour commencer. En revanche, la perspective de disputer le match retour en Suisse m'inquiétait un peu pour les jeunes Sochaliens, qui, comme moi, allaient découvrir la Coupe d'Europe. Le Servette n'avait-il pas déjà éliminé Nancy en Coupe des Coupes, deux ans auparavant ?

Certes. Et ce Servette était un vieil habitué de l'Europe alors que Sochaux n'y avait fait que de bien courtes et bien pâles apparitions, il y a de cela quelques années...

Je tentais pourtant de me rassurer : le Nancy d'alors, privé de Michel Platini blessé, était beaucoup moins bien armé que ce Sochaux 1980, vice-champion de France et qui avait notamment « passé » un 4-1 au grand Saint-Etienne en championnat..

D'autre part, René Hauss, le manager, et Jean Fauvergue, l'entraîneur avaient réussi un parfait amalgame entre cette pléiade de jeunes espoirs, sortis du centre de formation, comme Stopyra, Anziani, Genghini, Benoît ou Ruty, et les anciens, Djaadaoui, le capitaine libéro, Ivezic le Yougoslave et surtout le « vieux gaulois » Patrick Revelli, qui piaffait d'impatience, heureux de retrouver la Coupe d'Europe, après avoir été l'un des héros de l'épopée verte.

« La Coupe d'Europe vient un an trop tôt pour nous, regrettait cependant René Hauss à la fin de la saison, mais puisque nous y sommes, allons-y sans complexes. » Mon optimisme allait prendre le dessus : les « lions » étaient capable de... dompter ce Servette.

LA GENTILLE KERMESSE FRANCO-SUISSE

16 septembre 1980. Le train Corail a quitté la gare de l'Est en direction de Belfort. Bien calé dans mon fauteuil, je parcours mon dossier sur ce premier affrontement franco-suisse. Coupures de presse, dépêches de l'*AFP*, notes personnelles : tout y est. Sochaux-Servette peut commencer.

Arrivé à Belfort, une 104 Peugeot de location (c'est de bon ton ici) m'attend. J'avale les 15 kilomètres qui me séparent de Montbéliard, ne me doutant pas alors que j'allais finir par les connaître par cœur, ni que ce haut lieu du football doubiste allait pratiquement devenir ma résidence secondaire au cours de cette saison...

Mes valises déposées, je me rends au stade Bonal. Les Sochaliens s'y entraînent, suivis d'une heure ou deux par les Genevois : croyez-moi, les copains, Bonal ce n'est pas Maracana.

La pelouse est d'un joli vert et semble remarquable, mais les tribunes sont vieillottes et basses. De chaque côté des buts, les gradins en virage sont également peu élevés. Même chargé jusqu'à la gueule, Bonal peut à peine contenir 20 000 personnes.

Difficile d'envisager ici une ambiance comparable à celle qui prend l'adversaire à la gorge et aux tripes, dans le « chaudron vert ». D'autant que dans le patelin, on ne semble pas s'émouvoir à l'idée que le lendemain, Sochaux dispute un match de Coupe d'Europe.

« On a d'autres chats à fouetter ici, m'explique un OS de l'usine Peugeot, jouxtant le stade, et venu là en curieux. Tenez : moi, demain, après le boulot, je ne viendrai pas ici. Je ne vais tout de même pas payer pour encourager l'équipe du patron, non ? De toute façon, "ils" sont mauvais en ce moment, et ils vont se faire "taper" par les petits suisses. Alors, je serais mieux devant ma télé. »

Charmant, non ? Quand on sait quel rôle joue le public en Coupe d'Europe, il y avait de quoi s'inquiéter... Quoi qu'il en soit, les buts, ce sont les joueurs qui les marquent, pas les spectateurs.

« Ça, c'est ben vrai, plaisante mon copain Yannick Stopyra. Ne t'inquiète pas : ces Suisses ne sont pas mieux lotis que nous en ce moment. On va les "manger" demain. »

Les résultats de Sochaux n'ont guère été convaincants depuis la reprise du championnat, et Benoît, l'une des pièces-maîtresses de l'équipe est blessé, mais le sursaut enregistré à Angers, lors de la dernière journée, a regonflé les « lions », qui ont montré un bel allant lors du « sept-sept » imposé par Fauvergue.

Loin de l'action, à l'autre bout du terrain, Hauss nous parle du Servette : « Je suis revenu de Suisse assez circonspect. J'ai vu cette équipe se faire écraser 4-1 par les Young Boys, une semaine après sa défaite devant Lausanne 2-0, et, pourtant, je reste persuadé que ces Genevois nous poseront des problèmes. Il y a des garçons de grande classe, comme Schnyder, l'homme au bandeau, ou Zwygart, un jeune, capables de nous faire mal... »

Un peu plus tard dans la soirée, c'est Pazmandy, l'entraîneur du Servette, qui se confiait à nous. L'homme était déjà à la tête de cette équipe lorsqu'elle élimina Nancy en 1978.

« Sochaux est un adversaire beaucoup plus coriace. D'autre part, nous avons perdu plusieurs éléments de valeur comme Barberis, Trinchero, Elie, Engel ou Hamberg, et nous ne savons pas exactement où nous allons, bien que leurs remplaçants aient été bien choisis. Disons qu'il faudra être très méfiants... »

Le lendemain, à l'heure du match, installé dans la tribune de presse, je m'étonnai encore de la froideur franc-comtoise envers cette équipe sochalienne placée au pied du mur européen. A peine 9 000 spectateurs dans les tribunes, et une toute petite ambiance. Celle d'une kermesse. C'était donc ça, la Coupe d'Europe ? Je me souvins alors de ces images extraordinaires lors des grandes soirées télévisées depuis Saint-Etienne ou Bastia.

Non, ici c'était l'Europe façon Montbéliard. Pas de coup au cœur. Presque de l'indifférence de la part d'un public gentillet. Dans les vestiaires, juste avant le match, Patrick Revelli avait tenté de gonfler le moral de ses coéquipiers : « Il faut les bousculer et ne plus les laisser respirer. » L'homme parlait en orfèvre, mais il devait aussi penser que les jeunes, qui découvraient l'Europe, auraient mérité un soutien un peu plus important du public...

Ce Servette n'a plus rien à voir avec celui de 1979. Ce n'est qu'un hérisson, replié dans son antre, jouant un 4-4-2 prudent et sans génie, à l'image d'un Cuccinotta vieillissant et très maladroit.

L'angoisse s'installe sur le stade Bonal. Sochaux pousse, mais ne trouve pas la faille. A la 38e, Jeskowiak délivre enfin les siens. Sur un coup franc tiré par Revelli, « Jesko » met la tête et bat Milani, le gardien suisse. Alors qu'on s'attend à une forte poussée sochalienne dès le début de la seconde période, on voit, au contraire, les Genevois inquiéter Rust, notamment sur un terrible coup franc de Zwygart...

Les Sochaliens avaient pris la mauvaise habitude de craquer en deuxième mi-temps, en championnat. On l'avait vu contre Nancy, puis contre Lyon, deux équipes tout heureuses d'avoir réussi le nul alors qu'elles semblaient irrémédiablement battues à la pause. Hauss a flairé le danger : il sort Stopyra à court de condition et monte Anziani en position d'avant-centre.

Sochaux reprend aussitôt du poil de la bête et obtient à la 68e un penalty (Genghini était descendu dans la sur-

PENALTY D'IVEZIC CONTRE LE SERVETTE
La technique du contre-pied

face) bienvenu, et transformé par Ivezic.

2-0 à l'aller, c'était bien, mais Sochaux n'était pas qualifié pour autant. En quelques rares occasions, les Suisses avaient montré leur aptitude à bien contre-attaquer, et la défense sochalienne confirmé une certaine fébrilité....

Je rentrai à Paris, modérément optimiste, et quelque peu déçu par mes premières impressions européennes. Une victoire laborieuse dans une toute petite ambiance... La retransmission télévisée du match, ajoutée à l'indifférence d'une population frappée ici par la crise économique (le public est presque entièrement composé d'ouvriers et de cadres de chez Peugeot) ont bien failli d'entrée, hypothéquer l'avenir européen des Sochaliens.

Dans l'avion de la Swissair qui s'apprêtait à atterrir à Genève, quinze jours plus tard, j'avais revu en pensée les principales péripéties du match aller. Pour moi, si Sochaux jouait sérieux aux Charmilles, la qualification ne soulèverait aucun problème, car cette équipe du Servette ne m'avait guère impressionné.

Difficile de croire qu'elle allait changer du tout au tout chez elle.

En arrivant au stade des Charmilles, le jour du match, après une rapide visite de Genève, je crus rêver : il y a du jaune et bleu partout. Des grappes de supporters portant les couleurs du FC Sochaux, brandissant des banderoles, hurlant et chantant dans les allées du stade, sont là. Il en sort de partout et dans les tribunes, assez anciennes elles aussi, on ne voit et n'entend qu'eux.

Je constate au passage que l'éclairage ici est excellent. Il fait très chaud en cette soirée d'octobre, et là-bas en face de moi, les supporters sochaliens « chauffent » encore l'ambiance. Quel contraste avec le match aller ! On se serait cru à Sochaux, en mieux. Il n'y a en réalité que 10 000 spectateurs, dont la moitié sont venus de Sochaux, en cars et voitures particulières, mais aussi de la Savoie toute proche...

Mon copain Stopyra n'est pas dans l'équipe de départ. « Je rentrerai sans doute en deuxième mi-temps », m'avait-il confié la veille. Anziani allait opérer avant centre et Bonnevay au milieu.

Dans l'équipe du Servette, sifflée à son entrée sur le terrain, Pazmandy avait incorporé un ailier supplémentaire, Sarrazin. Les Genevois et leurs maillots grenat et blanc abandonnaient le 4-4-2 de l'aller pour un 4-3-3, habituel aux Charmilles, selon les familiers du lieu.

16ᵉ minute : corner mal tiré par les Suisses, qui n'avaient encore rien montré. Anziani récupère la balle et, flanqué de Genghini, qui a flairé aussitôt le bon coup, part à toute allure vers les buts de Milani. Genghini se déporte. Passe d'Anziani, au milieu de deux défenseurs. Genghini évite la charge de Bizzini, un méchant celui-là, devance la sortie de Milani et... but !

3-0 sur l'ensemble des deux matches, c'était formidable. Ce but de Genghini, je l'avoue humblement, m'a fait bondir de joie, tout comme mon voisin de pupitre. Pas bien, ça. Un journaliste ne doit pas être chauvin, sous peine de ne pas être vraiment objectif. Je tâcherai de m'en souvenir.

Ma joie aurait bien pu tourner court, et mes rêves de passer un deuxième tour de Coupe d'Europe s'effacer. La deuxième mi-temps est aussi désastreuse pour les Sochaliens que la première avait été brillante. Après quarante-cinq minutes de démonstration, Sochaux s'est étiolé, désintégré, s'abandonnant à la panique devant les buts de Rust, alors que ce n'était pas justifié. Buccinotta (54ᵉ) et Bizzini (75ᵉ) ont ramené le score à 2-1, et le stoppeur Guyot, seul devant Rust, aurait pu porter le coup de grâce, sans un hors-jeu accordé par M. Richardson, l'arbitre.

Sochaux venait de « friser la correctionnelle ». Il s'en sortait de justesse. « Il s'agit de retenir la leçon. En Coupe d'Europe, on ne doit jamais tomber dans la facilité », expliquera un René Hauss assez mécontent après ses hommes.

L'agréable avec les Sochaliens et leurs cadres techniques, c'est que, dans la victoire comme dans la défaite, ils accueillent toujours la presse avec une humeur égale. On doit leur rendre cet hommage. Dans ce domaine, Sochaux est sans aucun doute l'un des clubs les plus sympas de France et le travail de la presse s'en trouve facilité.

Entré le premier dans leur vestiaire, j'avais recueilli à chaud les explications de Hauss et je partais à la recherche de Stopyra « tête de moineau ».

Dans un coin du vestiaire, l'ami « Stop » (Stopyra) fait une tête de six pieds de long. Il était entré en jeu à la 52ᵉ pour remplacer Durkalic ; il n'avait pas été très bon et repartait des Charmilles avec un carton jaune.

« J'ai réagi comme un junior, déplorait-il. Lorsque l'arbitre m'a sifflé hors jeu, j'ai jeté la balle en touche et il n'a pas apprécié. Il ne restait que quatre minutes à jouer et les Suisses me faisaient un peu peur... J'ai voulu gagner du temps. »

Il faut bien que jeunesse se passe, mais cela peut aussi coûter cher ! Aux Charmilles, l'équipe sochalienne avait été à l'image de Stopyra, bien immature, mais enfin, elle s'en était bien tirée, et c'était là l'essentiel, après tout.

Après une bonne nuit au confortable « Penta Hôtel » de Genève, je pars pour Zurich le lendemain. Dans les luxueux salons du Sheraton, le gratin des dirigeants de clubs européens attend avec anxiété le tirage au sort du deuxième tour.

Téléphone à portée de la main, assis juste derrière Hauss, Garonnaire et Louis Fonteneau, je me tiens prêt à alerter Paris.

Les hautes instances de l'UEFA, Artemio Franchi en tête, libèrent assez vite

ARABESQUES DE GENGHINI AU MILIEU DE DEUX SUISSES
Footballeur et artiste

les Français : les Ecossais de Saint-Mirren sont offerts en pâture à Saint-Etienne, les Portugais du Boavista Porto viendront à Sochaux pour le match aller, et Nantes jouera le match aller chez lui contre... l'Inter de Milan !

Inutile de dire qu'après cela « Garo » avait le sourire ; Louis Fonteneau, le président des Canaris, semblait abattu, et René Hauss, escorté de Silvio Croci, le futur remplaçant de Jacques Benoît au poste de secrétaire général, se contentait de déclarer : « Je ne sais rien de cette équipe de Boavista, sinon qu'elle semble plus à l'aise à l'extérieur qu'à domicile au vu de ses résultats. »

L'avenir donnait raison, ô combien, à René-la-Science, maître ès tactique, et qui le prouva lors de ce deuxième tour.

DURKALIC FAIT PLEURER LE BESSA

21 octobre 1980. Retour à Montbéliard. Le patelin n'a plus de secrets pour moi et, cette fois, je trouve le chemin du stade Bonal sans me tromper. Toujours pas plus d'enthousiasme aux alentours. Les Sochaliens n'ont pas la cote ici. En revanche, on annonce une bonne chambrée de Portugais, accourus de tous les coins de Franche-Comté, et même de Clermont-Ferrand.

René Hauss est soucieux. Il n'a plus que quinze gars à mettre sur la feuille de match, et, surtout, Texeira, l'entraîneur de Boavista, tarde à donner à la presse la composition de son équipe.

« C'est un sacré problème, m'explique Hauss. Notre défense est trop fébrile en ce moment et, face aux Portugais, qui évolueront sans doute en 4-4-2 avec deux flèches comme Julio et Folha, nous risquons le coup dur. Il paraît aussi que Folha ne doit pas jouer, mais allez savoir... »

Le lendemain, on sut.

On sut de suite, en arrivant au stade, que Sochaux serait seul devant son destin. A peine 8 000 spectateurs, moins que contre le Servette en ce qui concerne les payants et, parmi eux, plus de la moitié agitant des drapeaux aux couleurs du Boavista...

Et dire que les dirigeants avaient cru bien agir en baissant le prix des places !

On sut aussi, lorsque les Portugais pénétrèrent sur le terrain, que Texeira avait mis tout le monde dans le vent. Folha ne débuterait effectivement pas le match, mais il était sur le banc. Très vite, on sut aussi que le 4-4-2 pratiqué par les joueurs au curieux maillot à damier noir et blanc posent des problèmes au milieu sochalien, emprunté, et à la défense, pas dans son assiette en cette chaude soirée d'octobre...

A la 27e minute, alors que Sochaux domine, l'arrière Q u e i r o c o n t r e, s'échappe, et, tout heureux de voir les Sochaliens s'arrêter, lance habilement le rapide Julio qui bat Rust comme à la parade. Prendre un but à domicile, en Coupe d'Europe, c'est souvent fatal...

Alors, Sochaux, un instant abasourdi, reprend son pressing. 33e : coup franc, tiré par Bezaz, à destination de Bonnevay, qui glisse la balle à Genghini. C'est l'égalisation ! 1-1 à la pause. A la reprise, Hauss remplace Anziani, fiévreux, par Stopyra. L'attaque sochalienne se rue à l'assaut des buts gardés par Matos, et la défense sochalienne souffre beaucoup. 57e : ouverture de Djaadaoui pour Revelli qui tire instantanément. Matos est battu !

Les choses vont beaucoup mieux, mais les contres de Boavista restent une menace permanente. D'autant que Folha est entré à la mi-temps, reconstituant un fameux tandem avec Julio.

En défense, Djaadaoui et ses hommes ont oublié la signification du mot rigueur. Elle est figée, cette défense, lorsque, sur un centre de Folha, Eliseu prend le temps d'assurer son tir pour égaliser... Il reste à ce moment-là vingt-sept longues minutes à jouer.

Une rage aveugle pousse les Sochaliens vers les buts portugais. Que de maladresse et quel manque de sang-froid face à cette défense, pourtant aux abois, et loin de valoir sa réputation.

Et ce sont encore Julio et Folha qui partent à toute allure, en contre... 2-2. C'est fini. Pour la première fois, René Hauss va « engueuler » les premiers journalistes venus lui « demander des comptes «, assez déçus et très inquiets pour la suite. « Vous avez bonne mine, vous, le cul dans la tribune de presse, avec votre stylo. Qu'est-ce que vous voulez que je vous dise, moi ? Allez leur demander pourquoi ils ont joué comme ça ce soir, allez-y ! Eux pourront vous répondre ! »

Pas content, le coach ! Dix minutes plus tard, l'autre René Hauss nous expliquera, calmement, les raisons de sa colère. « Fébrilité incroyable de la défense, milieu de terrain moins bon que contre Genève, attaque trop brouillonne, mais aussi Portugais très habiles en contre. Rien n'est perdu. Il fallait encore y croire », etc.

Les optimistes me rappellent alors que, du temps où il s'occupait du Standard de Liège, Hauss avait redressé des situations identiques et soulevé l'admiration des Belges.

Deux semaines plus tard, le correspondant de l'AFP à Porto (une bien jolie ville) m'explique, dans la voiture qui nous conduit au stade de Boavista (quartier résidentiel de la cité reine du vin cuit) que j'allais être surpris en arrivant : « J'aurais préféré vous amener au stade d'à côté, celui du FC Porto. 70 000 places, des tribunes splendides, un éclairage magnifique... Le Bessa, c'est laid. »

Au bout de la rue O Primeiro do Janeiro, le vieux stade. A peine arrivés, une nuée d'enfants sales et pauvres entourent la voiture, tendant leurs mains par les vitres ouvertes. En face, de l'autre côté de la rue, les immeubles luxueux semblent nous narguer. Richesse et mendicité se côtoient ici...

Une atmosphère curieuse, étouffante, règne hors et dans ce stade, où, partout, le regard est agressé par des damiers noirs et blancs. Il y en a jusque dans la

MEYER A L'ABORDAGE DE MATOS ET DE LA DÉFENSE PORTUGAISE
Comme un lionceau sur sa proie

salle de soins et dans les bureaux. Des locaux tristes dans un stade triste où tout respire la pauvreté. Curieux dans un tel quartier...

Les Sochaliens s'entraînent à la tombée de la nuit pour profiter d'une agréable fraîcheur, mais, le lendemain, le match se jouera à 14 heures, en pleine chaleur. Pas d'éclairage au Bessa...

Texeira assiste à l'entraînement, un petit sourire aux lèvres. Pour lui, la qualification ne soulève aucun doute. A ses côtés, Walter Ferreira, ex-vedette du Red Star de Saint-Ouen, devenu impresario dans son pays. Il vient proposer quelques Portugais « pas chers » à René Hauss, qui a d'autres chats à fouetter :

« Je ne peux pas vous communiquer la composition de l'équipe, car j'ai absolument besoin de savoir si Boavista jouera ou non en 4-4-2 », tranche tout net René Hauss aux abords des vestiaires, bloqués par les journalistes qui s'inquiètent en voyant tourner l'heure. Devant notre insistance, Hauss finit par lâcher : « Eh. bien ! voilà : je compte renforcer mon milieu avec Anziani, et je me passe de Bezaz en défense, laquelle sera réduite à trois hommes, dont deux stoppeurs, Ruty et Posca. Nous jouerons en 3-4-3, mais n'allez pas le dire à Texeira ! »

Mais que mijotait donc ce diable de René Hauss ? A moins qu'il ne soit devenu fou ? Le manager sochalien aligne ses onze joueurs sur un papier, bel et bien disposés en 3-4-3, avec cependant la possibilité donnée à Bonnevay de décrocher en position d'arrière droit.

A force de côtoyer les Sochaliens, depuis le départ de l'aventure européenne, certains d'entre eux, parmi les jeunes surtout, sont devenus des copains. Dans le car qui ramène l'équipe à Miramar, une jolie station balnéaire à 15 kilomètres de Porto, et dans lequel j'avais pris place, logeant comme eux au rustique hôtel « Mirasol », Eric Benoît, Yannick Stopyra et Moussa Bezaz, comme par hasard trois des remplaçants du lendemain, jouent aux devinettes.

« Moi, je suis sûr de ne pas jouer », avance Benoît. « En principe, je dois débuter », se persuade Stopyra, qui ajoute à mon intention : « Toi, je sais que tu es au courant. Dis-nous tout. »

C'était impossible. J'avais promis à Hauss de ne rien dire aux joueurs. Il voulait les réunir à l'hôtel, avant le dîner, et leur parler, leur dévoiler son plan.

Le soir, après la discussion, René Hauss m'invite à boire un vieux porto qu'il a déniché dans les caves privées de l'hôtel et, pendant que nous évoquons les exploits du Standard de Liège en Coupe d'Europe, une belle ambiance règne à la grande table des « lions », tout à côté.

Eclairée par un soleil pâlichon, la pelouse du vieux stade de Boavista me paraît encore plus pelée que la veille. Un quart d'heure avant le début du match, dans une tribune de presse bourrée à craquer, les responsables des téléphones n'ont toujours pas fini d'installer les lignes. Certains journalistes français hurlent : les radio-reporters portugais ont pris toutes les places.

Méfiant, j'étais arrivé très tôt au stade.

Dans les vieilles tribunes du Bessa, c'est la fête. 15 000 spectateurs vociférant, chantant, agitant des drapeaux à damiers, se sont massés. Et, dehors, alors que les équipes entrent sur le terrain, les vieux tramways de Porto en amènent encore.

Hauss-Machiavel a poussé le « raffinement », dans son désir de flouer son collègue d'en face, jusqu'à donner des numéros fantaisistes aux siens : le 2 pour Ruty, le 4 pour Bonnevay, le 9 pour Durkalic, ailier droit, et le 11 pour Revelli, finalement avant-centre ! De suppositions en bruits de coulisses, j'ai dû réécrire deux fois le chapeau de mon « running », dans lequel je présentais les deux équipes. Une chance encore que le match ne soit pas télévisé. Cela m'évite de rappeler pour changer les numéros des joueurs en catastrophe...

Le match a débuté depuis sept minutes, lorsque l'inévitable Folha, sur un centre de Cacheira, envoie, de la tête, la balle... sur le montant gauche des buts gardés par Rust. Un frisson passe dans le dos des journalistes français, dont certains sont contraints de travailler debout, pendant que les as du micro portugais hurlent à qui mieux mieux.

L'alerte passée, Sochaux met en place le dispositif « made in Hauss ». Les contre-attaques du Boavista, avec Julio et Folha, épaulés souvent par Gueiro et Palhares, butent régulièrement sur le filet tendu par le milieu et la défense des Jaunes.

0-0 à la mi-temps. Boavista est toujours qualifié, mais il ne domine pas. La deuxième période va se résumer en une fantastique bataille entre les deux milieux de terrain, et, à ce jeu, Eliseu et Barbosa, les deux maîtres à jouer de Porto, s'ils semblent plus habiles qu'un Genghini ou un Anziani, commencent cependant à s'épuiser au fil des minutes.

Les Sochaliens, surprenants de rigueur, à l'image d'un excellent Bonnevay (qualité qu'ils n'avaient plus montrée depuis le début de la saison), gagnent le combat défensif de ce match, mais leurs attaques sont rares, trop rares pour forcer le destin.

La pendule indique la 75e minute de jeu ; l'amertume et les regrets envahissent le clan français, et Bonnevay amorce l'une des dernières contre-attaques. Une passe à Genghini, qui transmet la balle à Revelli, mais déjà la meute à damiers noirs et blancs l'encercle.

Et soudain, ô miracle ! le « vieux Gaulois» glisse la balle à Durkalic, accouru en renfort avec Meyer, et le Yougoslave trompe Matos, par un trou de souris ! Plus personne ou presque n'y croyait, et voilà que Sochaux ouvre le score à Porto, dans un silence de cathédrale.

Et les Sochaliens qui s'embrassent, là, devant nous, comme dans un rêve. Ce n'est pas un rêve : si Sochaux joue bien le coup, il se qualifie pour le tour suivant, et à l'extérieur, s'il vous plaît !

Pas question de se laisser remarquer, cerné comme je le suis par des Portugais, étranglés de stupeur, et je réprime, avec difficulté, un bond comparable à

GENGHINI SÈME LA PANIQUE DANS LA DÉFENSE DE PORTO
Un fameux pied gauche

celui qui avait suivi le but de Genghini à Genève. Ma joie, bien qu'intérieure, n'en est pas moins immense. Cette équipe de Sochaux, je commence à l'apprécier de plus en plus. Elle m'offre là un souvenir fantastique.

M. Bridges, l'arbitre gallois, libère enfin les dernières angoisses. Les joueurs se ruent alors vers le banc de touche et congratulent René Hauss, leur sorcier.

Car il y avait bien du sorcier dans cet homme, qui avait su renverser la tendance négative de l'aller, sur un énorme coup d'audace. Cette tactique, qui avait surpris Texeira et ses hommes, Hauss reconnaissait qu'elle avait payé, parce qu'elle avait été utilisée avec rigueur et intelligence par ses joueurs.

Les bavures du championnat étaient oubliées. Sochaux entrait dans sa peau d'Européen, ses joueurs prenant goût, en même temps que moi d'ailleurs, à ce style de compétition. Rien à voir avec le championnat, et même avec la Coupe de France. La Coupe d'Europe, c'est un monde à part.

« Il faut y croire jusqu'au bout et se battre jusqu'à la limite de ses forces. Il n'y a pas d'autres secrets. » Le « vieux Gaulois », les yeux cernés, mais la moustache frémissante, tape sur l'épaule des jeunes, ravis du bon tour qu'ils viennent de jouer à Julio et à ses coéquipiers.

Dans le vestiaire d'en face, c'est la désolation. Texeira est effondré : « Le Bessa est maudit pour nous. Nous sommes régulièrement éliminés au deuxième tour, dans notre stade... » L'homme ignore encore que Sochaux lui coûte sa place. Entre deux phrases hachées de sanglots, Julio a trouvé la force d'aller chercher dans son armoire un maillot frappé du numéro 9 dont il me fait cadeau.

Fatigué mais heureux, il me tarde de rentrer à Paris. Mais tout ne peut pas marcher comme sur des roulettes. L'avion dans lequel doivent s'embarquer tous les journalistes français à Porto, et qui vient de Lisbonne, a cinq heures de retard. « Avarie grave », a précisé l'un des officiels de l'aéroport.

L'avion de la TAP décolle finalement

tard dans la nuit, après qu'un steward anglais qui passait au bar nous a donné sa traduction du sigle « TAP » : "Take Another Plane".

L'OGRE TERRASSE DANS LA NEIGE

Le tirage au sort des huitièmes de finale était apprécié par l'ensemble de la presse française comme une catastrophe. Monaco avait disparu dès le premier tour devant Valence, Nantes, le champion, était tombé face à l'Inter de Milan et voilà que les deux clubs français rescapés tiraient les deux plus gros morceaux en lice en Coupe de l'UEFA : Hambourg pour Saint-Etienne et... Francfort pour Sochaux !

D'un côté le vice-champion d'Europe 1980, de l'autre, le tenant de la Coupe de l'UEFA... Plusieurs avançaient déjà que Sochaux, surtout, atteindrait le 28 novembre suivant, son terminus, au Waldstadion de Francfort. Pour un peu, on aurait conseillé aux Sochaliens de rester à la maison !

« Ce sera très difficile, estimait René Hauss. Francfort nous est supérieur. Notre seul avantage, si nous savons résister à l'aller, c'est de jouer le retour à domicile... »

25 novembre 1980.

Le froid est tombé sur l'Europe. Les mains enfouies dans les poches de mon parka, la capuche fourrée rabattue devant les yeux, je fends la bise glaciale dans la Banhofstrasse, à la recherche d'un taxi. Les innombrables sex-shops, qui vous agressent tous les vingt mètres dans cette avenue ne parviennent pas à me réchauffer.

Dix minutes plus tard, le taxi a quitté la ville et s'enfonce dans la forêt de Hesse, au cœur de laquelle je découvre le majestueux Waldstadion. Les murs du grand stade de béton sont placardés d'affiches qui annoncent le match entre Francfort et « Souchaux ». Ils ne savent même pas écrire Sochaux ! Voilà qui va être apprécié par les Sochaliens, et quelle délicatesse !

Quinze jours plus tôt l'équipe de France a été dominée à Hanovre par la puissante RFA (4-1), alors ce n'est pas ce petit « Souchaux » qui va inquiéter les meilleurs footballeurs du monde, estime la presse locale...

Les Sochaliens arrivent assez tard, à la nuit tombante, pour s'entraîner. On sait déjà que Bezaz ne joue pas et que Bonnevay le remplace à l'arrière. Benoît, rétabli, tient sa place au milieu, et Stopyra joue d'entrée. René Hauss, dont la voiture est tombée en panne d'essence à quelques kilomètres du stade, a couvert le chemin à pied. Les caméras de la télé allemande l'attendent.

Aucun problème pour Hauss. Eux ne savent pas écrire Sochaux, lui, il parle parfaitement l'allemand. Une vedette ! Le soir, on ne voit que lui sur les écrans ! Ce Waldstadion m'a cependant impressionné, et comme je n'ai pas senti un très gros optimisme chez les Sochaliens, je crains qu'il ne soit le théâtre d'une catastrophe. L'éclairage aussi m'a paru fantastique et il n'est utilisé qu'à la moitié de sa puissance ! Je m'imagine déjà ces tribunes archipleines, pouvant contenir 70 000 personnes.

Le lendemain, je vais certainement entrer dans le vif du sujet européen, et je m'en réjouis d'avance.

Le lendemain, ils ne sont que 13 000, dont 600 Sochaliens (Francfort n'est qu'à trois heures de Sochaux), l'éclairage magnifique, et la tribune de presse d'un confort extraordinaire, à l'image d'un club riche et remarquablement structuré, où tout est fonctionnel, propre, solide. Les Allemands seraient sûrement surpris en venant au stade Bonal. S'ils le trouvaient !

Sur ces considérations, le match commence. Et le cauchemar aussi... Le temps d'apprendre par un journaliste du *Frankfurter Allgemeine* que le stade est presque vide parce que le samedi suivant, le Bayern vient, et que là, on jouera à guichets fermés, Francfort ouvre la marque. Une talonnade de Cha

DJAADAOUI, EN ÉQUILIBRE, CONTRE FRANCFORT
Le capitaine aux gants blancs

Bum pour Neuberger, arrière très offensif, et but. Face à ce tourbillon incessant des Allemands, la tactique de Hauss, à quelque chose près la même qu'à Porto, est prise une première fois en défaut. A la 21e Stopyra égalise, mais le but est refusé pour un hors-jeu peu évident. A deux minutes de la pause, une grossière erreur défensive due au pourtant expérimenté Revelli, est habilement exploitée par le redoutable Borchers. 2-0 à la pause. Aïe...

Sochaux a tenté certaines choses, mais manque par trop de réalisme et de vivacité face à ces Allemands survoltés. Les premières dix minutes de la seconde période tournent à la démonstration. Le ballon passe du libéro autrichien Pezzey à Lorant, puis à Lotterman qui offre le troisième but à son capitaine Holzenbeim. Comme à l'entraînement !

Et ce n'est pas fini. 62e : Borchers lance Lottermann qui tire sur le poteau. Nachtweih, un Allemand de l'Est passé à l'Ouest, comme Pahl le gardien, surgit et marque : 4-0. Ce Nachtweih, tantôt défenseur, tantôt milieu, tantôt avant-centre, crinière blonde au vent, sonne le glas des espoirs sochaliens...

A la mi-temps, on avait appris que Saint-Etienne, ô stupeur, menait 3-0 à Hambourg, et il venait d'ajouter un quatrième but. Ici, c'est Sochaux qui en prend quatre... Mais décidément, ces Sochaliens ont une dose de courage, de volonté insoupçonnable. La Coupe d'Europe les transfigure. Désagrégés, laminés, les voilà qui se redressent, se ruent vers les buts allemands.

Un instant plus tôt pourtant, le terrible Neuberger a violemment tiré sur la transversale, loupant d'un cheveu le but de 5-0. Pour Sochaux, ce cinquième but raté a l'effet d'un déclic.

Un tir de Benoît oblige une première fois Pahl à sauver en catastrophe. A la 78e minute, un lob d'Ivezic passe audessus de Pezzey et Genghini en embuscade réduit la défaite à des proportions moins catastrophiques.

Où sont donc passés les dominateurs footballeurs de Francfort ? Sochaux finit ce match à cent à l'heure, soulevant l'enthousiasme des quelques centaines de supporters français et Ruty, monté prêter main forte à ses attaquants, place un tir puissant que Pezzey détourne, à la surprise générale, dans ses filets ! 4-2.

En un quart d'heure, ce qui aurait pu être une déroute, à l'issue d'une grande leçon de football, devint une défaite porteuse d'espoir. Sochaux, sans le savoir encore, ouvre une large brèche dans la forteresse allemande. L'Eintracht a eu le tort de tomber dans la facilité, et sa défense d'oublier les consignes disciplinaires données par Lothar Buchman, l'entraîneur, qui a commis l'erreur, quant à lui, de sortir Lottermann, au moment où Sochaux se ressaisissait.

« Tout est possible, déclare Hauss. A 4-2, le coup est jouable. Il est simplement dommage que mes joueurs, complexés par la soi-disant supériorité des footballeurs allemands, aient oublié mes consignes, et qu'ils aient abordé ce match aussi crispés. »

9 décembre 1980.

Pas plus d'ambiance à Montbéliard, glacé par un hiver qui frappe fort, à vingt-quatre heures du choc retour contre Francfort. La pelouse du stade Bonal est recouverte d'un tapis blanc et le sol est gelé.

Les Sochaliens, dont le parcours en championnat ne ressemble pas à celui de la précédente saison, sont en revanche décidés à tenter un « truc » contre l'Eintracht, malgré leur défaite 4-2 de l'aller.

Ils ont, certes, marqué deux buts à l'extérieur. Un score de 2-0 leur suffirait pour se qualifier, mais comment battre cette équipe de Francfort si brillante pendant soixante-quinze minutes, quinze jours plus tôt ? L'entraînement a été léger. Une sourde détermination habite les Jaunes et René Hauss, leur sorcier, a encore une idée derrière la tête...

Plus tard, Buchman nous apprendra que Nickel, absent à l'aller pour cause de mauvais caractère, serait présent à Bonal. Curieux Buchman, qui ne sourit guère.

Le lendemain, à l'heure du match, la pelouse est toujours aussi blanche. Le matin, M. Van Langenhove et ses assistants ont inspecté les lieux et déclaré la partie jouable. La température a baissé pendant la nuit et le sol, bien que glissant, reste « praticable » pour des footballeurs bien chaussés.

Du côté des dirigeants sochaliens, c'est la désolation : il n'y a que 5 867 spectateurs payants et 3 000 scolaires, pour voir Francfort, tenant de l'épreuve. Le froid n'explique pas tout... Toujours cette indifférence. « Et dire que pour la première fois de notre histoire, nous pouvons aller en quarts de finale », se lamente Jacques Benoît, le secrétaire général.

Lorsqu'ils pénètrent sur la... neige, les Sochaliens semblent gonflés à bloc, à l'image d'un Revelli plus hargneux que jamais, et qui piaffe d'impatience.

Un Revelli qui sera le héros de cette soirée, en inscrivant deux buts à la 16ᵉ et à la 42ᵉ à des Allemands méconnaissables, timorés et repliés sur eux-mêmes, ne tentant que de rares contre-attaques, par un Cha Bum bien seul devant. A la mi-temps, non seulement Sochaux menait, mais il était qualifié !

Il reste cependant quarante-cinq minutes à jouer. En deuxième période, les Allemands se reprennent. Ils ont craqué deux fois sous les coups de boutoir de Sochaliens séduisants, beaucoup plus à l'aise sur ce sol gelé qu'eux, mais ils peuvent encore marquer ce petit but qui les qualifierait.

Mais cette défense et ce milieu de Sochaux, trimbalés à Francfort, tiennent parfaitement le coup, faisant mieux que se défendre, relançant à merveille. Dans ce genre de bagarre, tous les coups sont permis. Revelli simule quelque blessure, Ruty lance la

PATRICK REVELLI, AUX PIEDS DE PEZZEY
« Il fait le clown... »

balle le plus loin possible, et Stopyra commet une nouvelle bêtise « de junior » qui lui attire un deuxième avertissement, et une suspension pour l'éventuel quart de finale aller...

Les minutes passent, épuisantes pour les nerfs. A 19 h 17, au stade Bonal de Montbéliard, l'ogre venu de la forêt de Hesse, l'Eintracht vêtu de rouge, s'abat dans la neige : le petit poucet Sochaux l'a terrassé !

Comment oublier de tels moments ? Quel exploit ! C'était la fête du football français : Saint-Etienne qui avait humilié Hambourg était rejoint en quarts de la Coupe de l'UEFA par Sochaux, tombeur de Francfort ! Le football allemand tombait de haut... Le football français se vengeait.

Des émotions pareilles, j'en redemande ! La Coupe d'Europe ce soir-là est devenue ma maîtresse...

Dans les vestiaires, Revelli raconte ses deux buts, les jeunes pleurent et Hauss jubile : « On a trop vite dit que Francfort serait notre terminus. Voilà notre réponse ! »

GENGHINI BAT PFISTER PAR K.O.

25 janvier 1981. La trêve est enfin achevée. Le football a repris ses droits avec la vingt-quatrième journée du championnat. Au Parc des Princes, Paris SG a fait match nul avec Monaco (0-0), Nantes a obtenu le nul à Lyon (0-0), Saint-Etienne a été tenu en échec à Angers (1-1), et c'est le même score que Sochaux a réalisé à Bastia. Au total, huit matches nuls pour la rentrée !

« Mes » Sochaliens, septièmes avec 25 points, sont toujours en embuscade, à deux points seulement de la cinquième place qui pourrait, en fin de saison, se révéler qualificative pour une Coupe d'Europe.

30 janvier 1981. Les Verts de Saint-Etienne et les Jaunes de Sochaux ont l'oreille collée au transistor. A 12 h 15, le verdict tombe : Saint-Etienne a « tiré » Ipswich pour les quarts de la Coupe de l'UEFA et Sochaux affrontera les Grasshoppers de Zurich ! Pour Pierre Garonnaire, c'est la soupe à la grimace. René Hauss, en revanche, s'estime satisfait. Il restait, en effet, du beau monde pour ces quarts : outre Ipswich, restaient en lice le Standard (« surtout pas » ! avait clamé Hauss avant le tirage), Lokeren, AZ 67, Cologne...

Alors, les Grasshoppers, c'était ce qui pouvait arriver de mieux aux Sochaliens. Et si la belle aventure se poursuivait plus loin encore ?

3 mars 1981. L'avion de la Swissair se pose à Zurich. Il a beaucoup plu sur la Suisse et il pleut encore... Au stade des Grasshoppers, le Hardturm, les Jaunes ont effectué un léger training, sur une pelouse transformée en bourbier. Ceux qui ont suivi Bastia en 1978 retrouvent ces lieux, trois ans après, avec un certain plaisir, et des souvenirs plein la tête.

Patrick Revelli, lui, discute avec ses copains de la meilleure façon de se cramponner sur un tel terrain. « Il faut utiliser des tiges d'acier de 16 mm partout », recommande Albert Rust. Au chapitre des ennuis, Hauss est aussi bien loti que Timo Konietzka, le mentor des « Sauterelles » zurichoises. Le premier ne pourra pas compter sur Stopyra, suspendu, et le second s'interroge sur l'état de santé de Pfister, son meneur de jeu.

D'autre part, côté sochalien, Hauss a raclé les fonds de tiroir pour parvenir à inscrire... quatorze joueurs sur la feuille de match. L'infirmerie du stade Bonal s'est copieusement garnie depuis la reprise. Bonnevay, Benoît, Jeskowiak, out sur blessures, traînent leur misère.

Lorsque M. Azim Zade, l'arbitre turc, siffle le coup d'envoi, le mercredi à 20 h 30, Patrick Revelli joue avant-centre avec le numéro 9, un poste qu'il n'avait pas tenu depuis Porto, et, en face, Pfister semble aller mieux.

Sur le banc sochalien, trois remplaçants seulement : Zandona, Hagenbach,

RELANCE D'IVEZIC SUR LE TERRAIN DES GRASSHOPPERS
Une leçon de conduite... de balle

le gardien « bis » et un junior, Jacky Colin. Sur ce terrain lourd et labouré, les Zurichois tentent très vite de gagner le combat athlétique qui les oppose à des Sochaliens plus légers. Mais, au fil des minutes, on s'aperçoit que les hommes de René Hauss sont bien armés pour remporter la bataille, en défense.

Le tournant du match, et aussi de cette double confrontation franco-suisse, survient à la 58e minute. Sulser se laisse tomber habilement dans la surface et M. Zade siffle penalty. Le blond Pfister s'avance, et tire sur le côté droit des buts gardés par Rust, parti presque en même temps et du bon côté : la balle heurte le poteau !

Plus tard, après ce match nul blanc qui laissait d'énormes espoirs de qualification aux Sochaliens, Rust nous avouera : « M. Hauss qui avait souvent vu les Grasshoppers m'avait prévenu que Pfister tirait toujours les penaltys à droite... » Le blond milieu de Zurich, averti de la présence de Hauss lors des derniers matches au Hardturm, n'avait pas varié sa façon de tirer les coups de pied au but...

18 mars 1981. Montbéliard remue beaucoup. La rue piétonnière est sillonnée de supporters, bardés de jaune et bleu. Il va se passer quelque chose ici, c'est certain...

Une grosse animation règne autour du stade. Les tribunes se remplissent régulièrement, les virages sont déjà pleins. Cette fois, ça y est : le public a répondu présent !

Ils seront 18 000 entassés dans le vieux stade Bonal, prêts à porter à bout de bras cette équipe de Sochaux, si vaillante, qui, à force de courage et d'énergie, a fait tomber le Servette, Boavista et Francfort, et s'apprête à faire mordre la poussière à des Sauterelles bien arrogantes. Toujours quatorze noms sur la feuille de match.

« Les gars sont fatigués, avoue René Hauss, avant la rencontre. Avec cet effectif peau de chagrin, j'ai peur pour la suite. D'autant que les Zurichois sont plus à l'aise à l'extérieur. Ils ont éliminé des équipes comme Ipswich ou Torino ces dernières saisons, en allant faire un résultat chez l'adversaire... Enfin, les gars ont un très gros moral. »

Dès la 8e minute du match, les craintes de Hauss se vérifient. Le jeune Koller, qui n'avait pas disputé l'aller, part à la limite du hors-jeu, et s'en va battre Rust... Une victoire par 1-0 aurait suffi à Sochaux. Maintenant, c'est deux buts qu'il faut marquer. Or, le

PATRICK REVELLI PART A LA CHARGE, SANS FAIBLIR
Un vieux Gaulois ne meurt jamais

réalisme n'est pas particulièrement le point fort des Jaunes cette saison.

D'autre part, on sent ces Sochaliens au bout du rouleau, vidés. Mais, comme à Francfort, ils se dressent sur leurs ergots, secouent leur fatigue, oublient leurs déboires pour relancer la machine.

Le jeu des Jaunes s'organise. Sur une montée de Zandona, qui démarrait enfin un match de Coupe d'Europe, les Grasshoppers concèdent un corner. Durkalic, le spécialiste, expédie directement la balle dans les filets de Berbig, qui ne peut que constater les dégâts.

Une explosion de joie salue ce but égalisateur, qui ne permet cependant pas à Sochaux d'atteindre au paradis. A 1-1, en effet, Zurich est toujours qualifié...

Et ce que l'on n'a encore jamais vu à Bonal se produit, enfin : les 18 000 spectateurs s'appliquent à faire bouillir la marmite, comme s'ils étaient 50 000, et Sochaux pousse pour arracher sa qualification. Les Sauterelles, souvent affolées, tiennent le coup pourtant, ne lésinent pas sur les moyens, même les plus illicites, pour briser les attaques incessantes des coéquipiers de Revelli. Un Revelli beaucoup moins fringant qu'à l'automne, mais puisant son énergie au fin fond de lui-même. Stopyra est entré à la 73e minute, sur la volonté de Jean Fauvergue, décidé à tenter un dernier coup de poker. Là-haut, dans la tribune, assis aux côtés de Denisot et Roustant, Hauss vit des moments d'angoisse.

80e minute : Stopyra secoue la défense zurichoise, Ivezic place un tir terrible à la 82e, difficilement repoussé par Berbig. Trois minutes plus tard, Durkalic est abattu à la limite de la surface. La foule en délire, hurle : « Un but ! un but ! » L'orfèvre en la matière, Bernard Genghini, pose tranquillement le ballon devant le mur zurichois. Il jette un rapide coup d'œil vers Berbig, prêt à bondir, et brosse superbement la sphère. But ! Oui, but ! Genghini a marqué, à cinq minutes de la fin de ce match épuisant.

Les journalistes suisses, massés dans une tribune de presse beaucoup trop exiguë, rengainent leurs fanfaronnades. Les Français, eux, sautent de joie. L'aventure, pour eux, et par conséquent pour moi, continue...

Dans le match qui l'a opposé en cent quatre-vingts minutes à son vis-à-vis Pfister, Genghini triomphe par KO, réussissant l'un de ces coups francs à faire pâlir de jalousie maître Platini soi-même. Pfister, lui, peut se mordre les doigts : à l'aller, il a tiré un penalty sur le poteau...

Et maintenant, tout est possible pour ces Sochaliens admirables, capables de renverser des montagnes, même au bord de l'agonie. A plus de 1 500 km de là, sur la terre anglaise, Saint-Etienne, déjà battu 4-1 chez lui par Ipswich, a encore subi la loi des *Super blues* (1-3). Sochaux reste le seul club français qualifié pour les demi-finales.

Quoi qu'il arrive par la suite, le FC Sochaux-Montbéliard a bien mérité du football français. Quel pied de nez à la logique et à ceux qui n'ont cessé de douter de cette équipe. Avec un effectif réduit à treize pros, au bord de l'épuisement, Sochaux et ses anti-vedettes donnent la leçon.

DERNIER BAROUD A ALKMAAR

La tête encore pleine des inoubliables moments vécus contre Zurich, il fallait déjà se pencher sur l'équipe d'AZ 67 Alkmaar, futur adversaire de Sochaux en demi-finales. Le match aller aurait lieu à Sochaux. Pas un avantage face à une équipe d'un tel calibre, mais Sochaux avait gagné un public. Un public qui, enfin, le soutenait de toute son âme, et qui sait ?

Les échos venus de Hollande nous apprenaient qu'AZ, leader incontesté dans son pays, s'essoufflerait. Kist était blessé. Welzl l'Autrichien ne marquait plus. La machine grinçait...

Celle de Sochaux aussi, hélas ! Au Parc des Princes, les Sochaliens, brillants en première période, où ils menaient 2-0, s'inclinaient finalement 3-2. C'était le dernier test avant Alkmaar.

7 avril 1981. Les vitrines de la rue piétonnière de Montbéliard sont décorées aux couleurs du club. La ville entière vibre à l'unisson de cette phalange jaune et bleue qui a forcé l'admiration, même des plus hostiles. Ce n'est plus « l'équipe du patron » qui jouera

GENGHINI S'ENFONCE DANS LA DÉFENSE DE ZURICH
Ajouter la hargne à la technique

ANZIANI PARAIT S'ENVOLER CONTRE AZ 67
Sans jamais retomber de haut

demain soir une possible place en finale d'une Coupe d'Europe.

Simplement des gars qui savent se battre, mouiller leur maillot, sans rechigner, aller au charbon d'un bout à l'autre. Dans cette région rude, où l'on sait ce que signifie le mot travail, on apprécie enfin la valeur morale, le courage des joueurs locaux.

On a pansé tant bien que mal les blessures, Benoît reprend du service, mais Ivezic est suspendu... Il faut bien le dire : compte tenu de l'état de fatigue des hommes de Fauvergue et de Hauss, de la faiblesse de leur effectif, une victoire sur cette équipe d'Alkmaar, bourrée d'internationaux, tiendrait cette fois du miracle.

Et ce n'est pas une injure faite à ces valilants soldats que de parler de miracle. Ils n'ont pas usurpé leur place dans le dernier carré de cette Coupe de l'UEFA, mais peut-on leur demander de réussir l'impossible ?

« Oui », affirme Patrick Revelli, harassé mais tout heureux de disputer là sa troisième demi-finale de Coupe d'Europe, après les deux qu'il a jouées à Saint-Etienne. « Nous irons jusqu'au bout de nous-mêmes. »

On sut dans la soirée que Kees Kist ne jouerait pas. Georges Kessler, ami de René Hauss, n'avait rien caché à propos de son équipe pour le lendemain. Pour la première fois, les choses étaient claires d'un côté comme de l'autre. L'heure n'était plus à la guerre tactique.

8 avril 1981. Le stade Bonal est trop petit pour un tel événement. Ils sont 18 000, voire 20 000 collés les uns contre les autres, dans un bruit de tous les diables. A Porto, Hauss avait décidé de jouer en 3-4-3, brisant dans l'œuf les contre-attaques des rapides avants portugais, contre Francfort, il avait préconisé la même tactique ou presque, demandant à ses joueurs d'abuser de longues balles sur les ailes, là où il avait senti l'équipe allemande fébrile, sur un terrain gelé où les défenseurs n'avaient pas la partie belle.

Ici, contre AZ, il comptait de nouveau remporter la bataille tactique.

Le milieu sochalien est copieusement garni, la défense étant de nouveau réduite à trois hommes : Djaadaoui, plus Ruty et Posca.

Le combat est très équilibré au cours du premier quart d'heure. Sochaux fait jeu égal avec AZ, mais à la 14e minute, Tol et Arntz prennent de vitesse la défense sochalienne, et le dernier nommé, profitant d'une hésitation de Rust, ouvre le score. On en a vu d'autres, et il était impossible que Sochaux ne réagisse pas une fois de plus.

Le marquage des Hollandais est strict. Peters colle aux basques de Genghini, Spelbos bouscule sans cesse Stopyra... Mais les Sochaliens sortent leurs griffes, nullement résignés. Une belle contre-attaque d'Anziani qui change rapidement d'aile pour Durkalic, lequel centre au deuxième poteau pour Genghini. La fantastique tête plongeante du milieu sochalien expédie la balle dans les filets de Treytel !

Hélas ! La malchance s'acharne sur Sochaux, deux minutes après la reprise. Djaadaoui, le capitaine héroïque, stoppe brutalement son action, en pleine course. Fauché par une rupture du tendon d'Achille...

Le vaillant Abdel quitte le terrain, les larmes aux yeux, abandonnant ses copains. Et les Sochaliens, meurtris, usés, repartent de nouveau au combat. Un combat déséquilibré, une défense désorganisée totalement, mais les Hollandais ne profitent pas de leur supériorité et c'est finalement sur ce score de 1-1 que s'achève le match.

UN RAID DE PATRICK REVELLI DANS LE DOS DES HOLLANDAIS
La Coupe d'Europe vaut une cure de jouvence

KO debout, Sochaux n'en peut plus, mais n'a rien à se reprocher. La question qui revient sur toutes les lèvres est la suivante : « Quelle équipe René Hauss va-t-il aligner dans quinze jours au match retour ? »

Ivezic, absent à l'aller, doit en championnat effectuer ses débuts de libéro à la place de Djaadaoui. A Valenciennes, Sochaux s'incline 2-1, pire : Anziani sort du terrain, victime d'une tendinite. Il ne sera pas rétabli pour le retour à Alkmaar.

Ruty, solide comme un roc, jusque-là, retarde à chaque fois le moment d'être opéré d'une méchante pubalgie... Bref, Sochaux se désintègre « à petit feu ».

21 avril 1981. Le seul hôtel d'Alkmaar est plein depuis longtemps. Je prends donc mes quartiers avec plusieurs confrères en plein cœur d'Amsterdam. Une visite aux « célèbres » canaux d'Amsterdam s'impose. Histoire de se changer les idées et de ne pas trop penser au calvaire qui attend les Sochaliens le lendemain à Alkmaar, capitale du fromage, et jolie cité fleurie.

22 avril 1981. Le petit stade d'Alkmaar, un sosie du stade Bonal, grelotte de froid. La température avoisine le 0. Sur la pelouse, les majorettes et la fanfare venues de Haarlem tentent de

ANZIANI AU COUDE A COUDE AVEC WELZL, L'AUTRICHIEN D'AZ
Combat de tous les instants

TREYTEL, SOUS L'ŒIL DE WEIJSTER, INTERVIENT ENTRE STOPYRA ET GENGHINI
Le gardien qui s'allonge...

réchauffer l'ambiance. Quelques minutes avant le coup d'envoi, la neige fait son apparition ! Ça promet...

Les onze pros valides du FC Sochaux sont sur le terrain. Rust dans les buts, Posca, Ruty, Ivezic et Zandona en défense, Benoît, Revelli (!) et Genghini au milieu, et Durkalic, Stopyra et Meyer en attaque.

Sur le banc : Hagenbach, le junior Jacky Colin, excellent contre AZ à l'aller, ménagé par Fauvergue aujourd'hui et un autre junior, Labeyrie. Et c'est tout.

Dans les rangs hollandais, Kist ne joue toujours pas, mais Arntz, le bourreau du match aller, non plus. Il est suspendu. Weijster le remplace. Kessler a maintenu en 4-4-2 sa formation avec Welzl et Tol.

Il est dit pourtant que le lion blessé refuse de mourir sans se battre jusqu'au bout de ses forces. Et lorsqu'à la 9e minute, Genghini, après avoir récupéré une balle renvoyée par le poteau sur un tir de Benoît, bat Treytel de près, on croit que l'aventure n'est pas terminée pour Sochaux.

Très vite, pourtant, Metgod et Jonker (19e et 37e), mettent les choses au point. 2-1 à la mi-temps. A la 63e minute, Peters, servi par Welzl, qui a profité d'une erreur défensive de Posca et de Ruty, porte le coup de grâce : 3-1. Et ce n'est peut-être pas fini...

D'autant que la malchance poursuit Sochaux : à la 71e Ruty, grimaçant, quitte à son tour le bateau ivre, endommagé par les boulets hollandais, et qui tangue dangereusement... « Je n'en pouvais plus, avouera le stoppeur sochalien à la fin du match, une douleur insupportable. » Jacky Colin, pour la deuxième fois, entre au cœur de la bagarre.

Et Sochaux, admirable de courage, ne baisse toujours pas les bras. Nouvelle attaque à deux, sur le flan gauche, Zandona déboule et glisse la balle à Meyer, lequel prend tout son temps pour tromper le vieux Treytel ! 3-2 à la 73e minute ! Les gorges se nouent. L'émotion est à son comble. Tels des fantômes, les Sochaliens jettent leurs derniers feux, mais ne parviennent pas à inscrire ce troisième but qui les propulserait en finale...

Sur le banc, le junior Labeyrie, la tête entre les mains, prostré, ne peut pas se lever. Il a hurlé, comme Fauvergue, y a cru comme un fou lorsque Meyer a marqué, encouragé « Tchouki », Genghini et Stopyra, quand Metgod et Spelbos, bousculés, affolés, n'en menaient pas large dans les dernières minutes.

C'est fini. Les Sochaliens quittent la Coupe d'Europe, la tête haute. « C'est la meilleure équipe que nous ayons affrontée cette saison », affirme Georges Kessler, l'élégant patron d'AZ.

Pâles, les traits tirés, les Sochaliens déambulent, nus, dans les vestiaires, n'ayant même plus la force de se rhabiller. « Nous sommes passés à côté d'un grand exploit... », répète Patrick Revelli.

« Techniquement, et malgré nos handicaps successifs, nous avons prouvé que nous pouvions faire jeu égal avec les meilleurs. Cela atténue quelque peu mes regrets », déclare Genghini, l'un des héros du match.

En vérité, tous étaient des héros. Difficile de dissocier les quatorze ou quinze joueurs ayant participé à cette étonnante campagne européenne, dans les honneurs et les bravos.

Ma première campagne à moi s'achève aussi dans le TEE qui me ramène vers Paris. Le merveilleux album aux souvenirs s'est refermé. J'ai envie de crier : « Merci Sochaux ! ». Mais j'ai aussi envie que revienne vite le mois de septembre. Pour que tout recommence...

RUST AU FOND DE SES BUTS. JONKER A MARQUÉ POUR LA TROISIÈME FOIS

... et le gardien est assis

DENISOT, IGLESIAS, ELTON JOHN, SALVADOR, CLERC... ET LES AUTRES

Vous connaissez tous ou presque le Michel Denisot journaliste de TF 1, commentateur de football ou présentateur de Sport Première. Vous connaissez peut-être moins le Michel Denisot, animateur d'une émission de variétés sur l'antenne de Radio Monte-Carlo, tous les dimanches matin. Là, il reçoit ce qui se fait de mieux, dans le domaine de la chanson notamment. Mais, comme le naturel reprend souvent le dessus, il ne peut s'empêcher de mélanger les deux genres et ce sont les réactions de quelques vedettes qu'il nous conte aujourd'hui.

***

Un grave accident de voiture a mis fin brutalement à la carrière d'Iglesias, gardien de but remplaçant de l'équipe C du Real Madrid. Il avait vingt et un ans. Aujourd'hui star mondiale de la chanson de charme, Julio évoque avec humour son expérience de footballeur :

« J'y croyais beaucoup, mais j'étais presque nul dans les buts. J'étais toujours remplaçant et j'ai surtout connu le tunnel et le banc de touche du stade Bernabeu. Je suis plus doué, je crois pour le show-business. Il reste ma passion. Dans mes voyages à travers le monde je ne rate pas un match quand l'occasion se présente. Malheureusement, mon métier passe souvent avant. Ainsi cette année j'étais à Paris le soir même de la finale de la Coupe d'Europe entre Liverpool et le Real. Mais pendant que vous, Michel Denisot, commentiez cette neuvième finale du Real sur TF 1, j'étais en direct sur l'autre chaîne dans une émission de Guy Lux ; entre chaque chanson les techniciens me tenaient au courant du score.

« Si je recherche mes meilleurs souvenirs, ils viennent d'Argentine et de New York. J'ai notamment commenté la finale de la Coupe du Monde pour la télévision espagnole avec, tout proche de moi, mon ami Pelé. Il faisait la même chose, en mieux sans doute, pour ses compatriotes brésiliens. Lui, je l'écouterais parler pendant des heures. Lorsque je suis à New York, je suis supporter du Cosmos. Là-bas aussi j'ai de longues conversations avec le roi Pelé ainsi qu'avec Mick Jagger, souvent présent dans la tribune d'honneur. »

***

Elton John, un autre roi du disque d'or et des hit-parades internationaux, craque complètement quand il pense au football. Ce milliardaire excentrique qui possède douze voitures dont huit Bentley s'est offert une équipe complète dans son pays natal, Watford. En quatre ans, Watford est monté de quatrième en deuxième division. Chaque année Elton John remet l'équivalent de 120 millions de nos centimes dans la caisse, pour le plaisir. « J'ai deux passions, la chanson et le football, explique-t-il. Je consacre 40 % de mon temps et de mon énergie à ce sport, et dans un an ou deux Watford sera en première division du championnat d'Angleterre. Ce sera très dur car les équipes sont très fortes. Vous avez vu Liverpool, Saint-Etienne a goûté à Ipswich et vous découvrirez bientôt Aston Villa. Dommage que notre équipe nationale soit si souvent décevante et pourtant avec des joueurs comme Hoddle, de Tottenham, à mon avis le numéro un, et Keegan, elle devrait faire partie du carré d'as mondial. »

Elton John, adulé par des millions de fans, comblé par le succès, croulant sous les dollars, n'en finissait plus de parler football. J'avais prévu de lui remettre un vrai maillot de l'équipe de France si l'entretien tournait bien. C'était le cas. Il en fut heureux comme un gosse. Il l'a touché, regardé longuement avec un sourire large comme un 33 tours. L'homme aux huit Bentley s'extasiait devant un simple morceau de tissu bleu. Du coup je lui ai donné le short et les chaussettes.

***

En France, il y a souvent un beau plateau dans les fauteuils du Parc des Princes. Le Paris Saint-Germain compte de vrais supporters célèbres.

Je ne parle pas de ceux qui viennent se montrer trois fois par an pour les matches de gala, mais plutôt de ceux qui sont là quand il fait froid, quand il pleut, quand ça va mal ou quand ça va bien. C'est le cas d'Henri Salvador, ami de Daniel Hechter, et de Francis Borelli son successeur. Salvador, qui depuis quelques années mérite incontestablement le titre de ministre du Temps libre, est prêt à tout lâcher pour un bon match. J'ai fait trois mois d'émission quotidienne avec lui sur RMC. Dès que les micros étaient fermés nous parlions de football. Il aime les artistes, il aime Rocheteau, il aime Platini. Il aime la douce folie de Zimako ; il aime le spectacle.

« Le football est beaucoup plus périlleux que la chanson, affirme-t-il. Quand nous entrons en scène, nous savons ce que nous allons faire. Eux quand ils entrent sur le terrain, ils n'en savent rien. »

***

Enrico Macias est tout aussi fidèle au club parisien. Il est plus démonstratif, plus chauvin. Je lui ai demandé de jouer au sélectionneur, et il n'a pas hésité longtemps : son équipe de France comprend quatre joueurs du Paris SG : Baratelli — Pilorget, Lopez, Renaut, Bossis — Genghini, Tigana, Moizan — Zimako, Rocheteau, Six.

A ces deux mordus de la tribune j'ajouterai ceux qui viennent de temps en temps comme Julien Clerc que les Bleus d'Hidalgo ont applaudi au Palais des Congrès, lors d'un stage à Jouy-en-Josas. Parmi eux, les deux préférés du chanteur, Rocheteau et Platini. Julien Clerc n'hésite pas non plus à faire souvent un crochet par Saint-Etienne pour deux raisons.

Premièrement, parce que c'est là-bas qu'il trouve les meilleurs choux à la crème (il a donné l'adresse à Platini !).

Deuxièmement, parce qu'il y vit ses meilleurs moments de football. Il s'installe au bord des grillages « pour en prendre plein la tête. Les yeux grands ouverts, le son à fond, je ressens toute la violence dans un regard ou dans un geste. C'est mieux qu'à la télé ! »

MICHEL DENISOT ET UNE DES STARS DE L'ANNÉE, PATRICK REVELLI

PAS DE DOUBLE SIX A ROTTERDAM

Son nom s'étalait à la « une » de tous les journaux : « Six en or à Rotterdam », « Six crucifie les Hollandais », « Six a fait oublier Platini », « On attendait Cruijff, on a vu Six », « Double Six à Rotterdam », les titres étaient plus flatteurs les uns que les autres.

Au retour de l'avion de l'équipe de France plusieurs milliers de supporters s'étaient regroupés pour lui offrir la plus folle des ovations. Les radios se battaient pour un ou deux mots supplémentaires. Pierre Douglas, France-Inter, avait son accord pour l'émission du lendemain, Yvan Levaï l'avait invité à s'expliquer sur Europe 1, Anne-Marie Peysson tenait à ce qu'il vienne tout raconter aux auditrices de RTL. Les télévisions aussi voulaient du Six. Six à Stade 2, Six à Sport Première, tout juste si on ne ressortait pas Léon Zitrone de son sarcophage pour commenter une cérémonie célébrant la victoire de Rotterdam. Un succès historique sur les finalistes des deux dernières Coupes du Monde, un succès qui fleurissait la route emmenant l'équipe de France vers l'Espagne.

Dix fois, vingt fois, cent fois, on avait revu ce coup franc d'abord qui avait pétrifié Schrijvers à la 86e minute, ce superbe contrôle suivi d'un dribble qui avait permis à notre ailier gauche d'ajouter un deuxième but...

Bon, maintenant, ça suffit ! Coupez ! Rembobinez-moi ce film. C'est une mauvaise copie. Pas l'original. Dans la première version, la seule réelle, le dénouement est bien différent. Six ne marque pas, l'équipe de France est battue et ce coup franc de la 56e minute... mais reprenons l'histoire à son début.

La France avait donné un petit festival à Limassol (7-0), réussi une bonne opération face à l'Eire (2-0) et elle s'en venait affronter une formation hollandaise aux abois depuis deux échecs à Dublin et à Bruxelles. Kees Rijvers, nouvel entraîneur de la sélection orange, savait qu'un point perdu à domicile serait une condamnation pour les siens. Aussi avait-il battu le rappel de tous les mercenaires partis courir le monde, de Krol à Muhren, de Thijssen à... Cruijff. Johan le seigneur, Johan la star qu'on croyait à tout jamais éloigné de la haute compétition et dont on annonçait le retour à grand fracas. Presque comme si on voulait troubler la sérénité de l'équipe de France en dressant au-dessus de sa tête une sorte d'épouvantail géant.

Mais Johan Cruijff doit avoir aujourd'hui quelques liens de parenté avec la Callas car trois jours avant la rencontre il découvrait, soudain, que sa femme installée avec lui en Espagne à Levante était souffrante, que lui-même était blessé à une cheville et qu'il ne pourrait venir apporter son concours à ses frères. En vérité, les mauvaises langues surent très vite que Cruijff était sous contrat avec une firme d'équipements sportifs, concurrente de celle qui habillait la sélection. Alors il serait bienvenu mais à condition de porter un maillot spécial.

Michel Hidalgo n'avait pas ces problèmes de chiffons mais il était aussi en difficulté avec sa star. Il y avait eu le nez de Cléopâtre, il y avait cette semaine-là le genou de Platini. Bien avant la triste sortie d'Ipswich où on lui avait imposé de jouer, Platini souffrait d'un genou et, au stage de l'équipe de France, au Touquet, il avait passé plus de temps dans les mains du soigneur que sur le terrain. Il éprouvait de la peine à pivoter et plus encore à frapper dans la balle.

KROL EST INTERVENU TROP TARD, MAIS SCHRIJVERS SERA LA

Ni lui, ni le sélectionneur pourtant ne pouvaient se résoudre au forfait et, chaque jour, on avait droit à un bulletin de santé. Pessimiste en règle générale mais qui entretenait le doute...

A la grande colère de l'un des membres du groupe France, le plus petit mais, certes, pas le moins talentueux, Alain Giresse. Depuis trois ans, le Bordelais n'était pas revenu parmi les tuniques bleues et il aurait aimé une rentrée sans nuage. Or, il n'était là qu'au cas où... Si Platini jouait, il serait sur le banc des remplaçants. Si le Stéphanois était vraiment trop en délicatesse avec son genou, il serait titulaire. Au fur et à mesure que les atermoiements de Platini se poursuivaient, Giresse sentait la colère le gagner et, un jour, il fut incapable de se contenir : « Maintenant, j'en ai ras le bol, avoua-t-il à l'un des envoyés spéciaux de l'Agence France-Presse. On me prend vraiment pour un bouche-trou. Peut-être tu joues, peut-être tu joues pas, c'est une situation intolérable. Si on me le demande, je participerai encore à ce match contre la Hollande, mais ensuite, à mon retour à Bordeaux, je verrai mes dirigeants, et nous discuterons de l'attitude à adopter envers l'équipe de France. »

Le fait est que les hésitations d'Hidalgo et de Platini étaient plus ou moins bien acceptées au sein de l'équipe de France et dans le sobriquet « Michel Dugenou », attribué à Platini par ses coéquipiers, sans doute pouvait-on lire un peu plus que de l'humour. Pourtant, il n'est pas question de douter de la sincérité du Stéphanois. Depuis toujours

il adore l'équipe de France à laquelle il a beaucoup donné et il avait une folle envie de la conduire contre les Hollandais. « Si le match avait lieu dans trois jours, disait-il le mardi matin, je suis sûr que tout irait bien. Je serais même peut-être en état dès demain mais il nous faut décider la veille de la rencontre. C'est plus sage pour la préparation de chacun. Alors, à l'issue de l'ultime entraînement de la soirée de mardi, donc j'annoncerai ou mon forfait ou ma participation. »

Cet entraînement, sur le stade annexe de Feijenoord, avait attiré tous les journalistes français et pas mal de Hollandais. Tous n'avaient l'œil que sur Platini dont l'échauffement parut normal, la participation à l'habituel petit match normale aussi, mais c'est dans la séance de tir au but qu'on s'aperçut qu'il ne semblait pas avoir tous ses moyens. Le long de la touche, les pronostics allaient bon train et la majorité des observateurs penchaient pour le « oui ». Oui, il jouerait.

Parmi ceux qui suivaient attentivement le comportement de Platini figurait aussi Alain Giresse qui, n'y tenant plus, s'approcha soudain de lui et, après quelques mots, fut le premier à savoir. Le docteur Vrillac, qui se précipita ensuite sur son client dès l'ultime coup de sifflet d'Hidalgo, fut le deuxième et Hidalgo lui-même le troisième. Un simple coup d'œil de Platini lui suffit, ils n'eurent même pas besoin d'échanger la moindre parole.

Mais les journalistes ne savaient toujours pas. Toute la troupe était rentrée aux vestiaires depuis dix bonnes minutes quand Hidalgo ressortit. Devant la meute qui l'assaillait, il attaquait d'abord par une boutade : « Marc Bourrier ne jouera pas. » C'est bien là un des grands charmes d'Hidalgo. On en était presque arrivé à transformer le genou de Platini en une affaire d'Etat et, en une phrase, Hidalgo remettait les choses à leur place. Il faut du sérieux dans le sport, mais point trop. Hidalgo sait toujours rappeler au bon moment qu'il existe encore des notions de jeu, de joie, de plaisir, et que jamais il ne faut dramatiser.

Lorsque les rires se furent éteints, il enchaîna donc avec l'annonce du forfait de Platini et de la composition de l'équipe. Dropsy dans les buts, Janvion, Specht, Lopez, Bossis en défense, Moizan, Larios, Giresse au milieu, Rocheteau, Lacombe, Six en attaque.

Et savez-vous quel était le plus heureux des sélectionnés ? Le numéro 1, Dominique Dropsy. Depuis des semaines, parce que les Verts exercent toujours une étonnante fascination sur les médias, Jean Castaneda avait eu droit à une bien belle publicité. Exagérée. Même si le gardien des Stéphanois est pétri de qualités, même si on peut penser que très prochainement il va s'imposer à l'échelon international, il n'en est qu'à sa période d'apprentissage et personne encore n'a eu l'occasion de le voir, derrière sa très bonne défense de club, réellement en difficulté. Dominique Dropsy n'en voulait pas à Castaneda, mais il était agacé par l'attitude de certains qui montaient le Stéphanois aux nues et adoptaient des attitudes proches de la pitié à son égard. « Regarde-les, m'avait-il dit quelques jours plus tôt, tu vas les voir, après l'annonce de la sélection, venir vers moi et commencer la litanie : " Mon pauvre Dominique, ce n'est pas juste, toi qui n'as jamais démérité... Alors qu'ils passent leur journée à encenser Castaneda ". » Aussi, jouer contre les Pays-Bas était pour lui une immense satisfaction. Le clin d'œil et le sourire qu'il me décocha du fond des vestiaire en étaient plus qu'une preuve.

A quelques mètres de là, Platini était beaucoup plus sombre et sa tristesse évidente : « J'ai encore une gêne dans certaines frappes de balles, commentait-il, alors je n'ai pas le droit de faire prendre le moindre risque à l'équipe. Je ne serai même pas sur la liste des remplaçants. Je crois qu'il ne m'a manqué que quarante-huit heures. »

Il était donc en civil ce mercredi 25 mars, alors que ses coéquipiers s'échauffaient sur la pelouse. Par petits groupes, celui de Giresse, Larios, Moizan par exemple, ou individuellement, tel Lopez, qui préfère toujours être seul. Dropsy, lui, était avec Bourrier, et il eut la surprise de recevoir, venue des tribunes, une orange de circonstance.

Ce public néerlandais n'allait d'ailleurs pas être particulièrement élégant dans les minutes suivantes. Pendant *la Marseillaise,* on en entendit une bonne moitié siffler et multiplier les gestes inamicaux. Comportement inquiétant, malheureusement de plus en plus fréquent dans les arènes sportives.

Tous les Français présents avaient imaginé le scénario du début de la rencontre. Une pression hollandaise, un siège en règle des buts de Dropsy et un orage orange qu'il faudrait contenir. On voyait déjà les accrochages de Janvion avec Rep, les tacles de Lopez, les coups de tête de Specht, les interceptions de Moizan, les sauvetages de Bossis, les arrêts de Dropsy, le travail de Giresse et Larios, l'impuissance des attaquants réduits au rôle de premier défenseur. On attendait une guerre de tranchées dont on aurait eu bien des difficultés à se sortir et on assista à une chevauchée légère. Personne n'aurait osé l'espérer, mais la puissance physique hollandaise n'apparaissait pas. Au contraire la technique française était mise en évidence à chaque instant et dès la troisième minute un superbe échange Moizan-Giresse aurait pu faire la décision si le Lyonnais n'avait man-

COUP FRANC DE DIDIER SIX AU-DESSUS DU MUR HOLLANDAIS...
La barre au bout du voyage

qué son tir après avoir pourtant mis hors de position toute la défense. Les Hollandais en étaient tous troublés et leurs défenseurs en oubliaient de venir soutenir leurs attaquants. Les différentes lignes s'équilibraient et si Bossis contrait un des jumeaux Van de Kerkhove, Rocheteau gâchait aussi par excès de collectivisme une action qu'il avait fort bien menée.

Le Parisien tirait vite la leçon de son échec et, trois minutes plus tard, il décochait l'un des tirs les plus purs de la saison. Le gros Schrijvers que l'on prend depuis des années pour un garçon lourd et pataud avait alors un réflexe de pêcheur à la ligne ferrant le gardon, et des deux poings, presque comme pour se protéger, il repoussait le ballon.

Et il y avait aussi Bossis qui accumulait les dribbles, Larios qui se multipliait, Six qui donnait le tournis, Moizan dont la souplesse aidait tant sa défense, Giresse et ses petits coups de patte...

Si bien que, lorsque survint le repos, les Hollandais n'avaient pas à se plaindre du score vierge. Kees Rijvers commençait même à maudire ces diables de Français qu'il avait déjà trouvés sur la route de son bonheur quand il dirigeait un Eindhoven complexé face à Saint-Etienne. On assure même que dans les vestiaires néerlandais il se tint quelques discours peu aimables et l'ensemble parut effectivement plus résolu à son retour sur le terrain, avec dans ses rangs un attaquant supplémentaire, le blond La Ling qui avait pris la place d'un défenseur, Hovenkamp.

Cette modification troubla-t-elle les Français ? Toujours est-il que dès la 47e minute Specht commettait une faute inutile. Coup franc donc. Avec aux commandes Arnold Muhren, un des dynamiteurs d'Ipswich. Manœuvre de

TROIS ÉTAPES POUR LE FAMEUX TÊTE-A-TÊTE ENTRE SIX ET SCHRIJVERS

SIX S'EFFORCE DE CONTROLER LE BALLON, SHRIJVERS ALERTÉ
Habile

SIX MANQUE SON CONTROLE, SHRIJVERS BONDIT
Dommage

SCHRIJVERS, COMME UNE FUSÉE, S'EMPARE DE LA BALLE
C'est fini...

diversion de Krol, frappe en feuille morte de Muhren et la balle heurte le dessous de la barre, puis le haut de l'épaule de Dropsy et s'en vient mourir au fond des filets. But ! Dropsy n'arrive pas à s'en remettre, Lopez ramasse le ballon, les Bleus sont pétrifiés et les commentaires ne seront pas tendres pour le gardien français. Certains iront même jusqu'à écrire que le coup franc était situé à plus de 30 mètres des buts. Une exagération que l'on espère au moins sans malhonnêteté, vite démentie par les photos.

Tout de même il ne faisait pas bon être strasbourgeois ce jour-là. Le coup franc était dû à une faute de Specht, Dropsy n'était pas inoubliable sur le tir. Restait Didier Six, le troisième Alsacien de l'histoire, qui lui non plus n'allait pas arranger les affaires de l'équipe de France.

56e minute d'abord : coup de sabot hollandais sur Rocheteau et coup franc à 20 mètres sur la droite. Situation idéale pour un gaucher. Six aime. Quatre pas d'élan. Une frappe pure et brossée à la fois, un ballon qui vole, un Schrijvers planté dans le ciment et un ballon qui rebondit sur le bas de la barre pour vivre ensuite sa vie dans les airs, loin au-dessus par exemple de la tête de Lacombe qui avait suivi. Pour trois ou quatre centimètres peut-être Six n'était toujours pas un héros.

73e minute : on prend le même et on recommence. A l'origine quelques zigzags de Zimako venu apporter un peu de fraîcheur à une attaque qui s'émoussait. Entre le troisième zig et le quatrième zag, « Zim » lève la tête et aperçoit Six au Centre ; petite passe admirable de précision. Six va avoir le ballon. Il tient le sort du match entre ses pieds. Il se dit : « Je contrôle d'abord, je me le mets sur le pied gauche et c'est dedans. » Mais allez savoir ce que peut faire un ballon. C'est rond et ça a des sautes d'humeur. Tiens par exemple celui-là. Au lieu de venir tranquillement sur l'intérieur du pied, le voilà qui grimpe sur le tibia, roule sur la cheville. Il devient fou, impossible à maîtriser. Six est envahi par la terreur. Il cafouille, piétine, ne s'en sort pas. Quand enfin il pense être devenu le maître de la situation, c'est Schrijvers, comme un bulldozer qui surgit à toute allure et lui arrache la balle.

Le rêve est passé. Il n'y aura pas de double Six en or à Rotterdam. Pas de point gagné non plus. L'équipe de France ne retrouvera plus d'occasion pareille et le score n'évoluera plus.

« Rageant, rageant », fulminera Lopez avant même d'avoir atteint le couloir menant aux vestiaires.

« Nous repartons de Rotterdam avec la sensation d'être passés tout près de l'exploit, dira un peu plus tard Hidalgo. Nous nous sommes une nouvelle fois créé plusieurs occasions mais nous les avons toutes ratées. Comment faire ? Trouvez-moi des attaquants qui marquent et je les prends tout de suite. Mais avouez aussi que nous ne sommes pas vernis. Sur le coup franc de Muhren, le rebond est défavorable à Dropsy. Sur celui de Six, le rebond l'est à Six et à Lacombe. Aujourd'hui la situation est claire. Nous ne pouvons plus nous permettre de perdre le moindre match à domicile. Notamment le prochain contre la Belgique. »

Cette Belgique qui à la même heure venait d'assurer sa première place dans le groupe en abattant à la dernière minute, par une tête de Ceulemans, des Irlandais qui décidément ne se résignaient pas à tenir les seconds rôles.

Joie dans les vestiaires belges. Joie dans les vestiaires hollandais, mais la plus grande liesse dans le monde du football était encore ce soir-là à Barcelone où Enrique Castro, dit Quini, avant-centre de l'équipe locale, venait d'être libéré après vingt-quatre jours de séquestration. Vingt-quatre jours d'angoisse et un dénouement heureux qui valait bien plus que tous les matches perdus ou gagnés, fussent-ils de Coupe du Monde.

LE MÉCANO DU GÉNÉRAL

Ce matin-là, le facteur a apporté dans une maison de la banlieue de Nancy une lettre à en-tête de la Fédération française de football. « Monsieur, le stage préparatoire à France-Belgique débutera le samedi 25 avril, 19 heures, à l'hôtel Valbièvre. Vous êtes prié... »

Marc Bourrier n'avait pas besoin de lire la suite. Il connaissait bien le texte officiel des convocations, lui, l'adjoint de Michel Hidalgo depuis août 1976. Cinq ans déjà qu'à sa fonction d'entraîneur national chargé des Ligues d'Alsace, Lorraine, Nord-Est, Bourgogne et Franche-Comté, il avait ajouté ses charges auprès de la sélection. Une présence de tous les instants aux côtés de Michel Hidalgo, allant de la direction de la préparation physique à la surveillance du matériel, à la limite entre le mécano du général et le confident. A la fois homme de confiance et bras droit. Sa moustache, ses yeux qui brillent appartiennent aujourd'hui à l'équipe de France et Michel Hidalgo ne concevrait plus un stage sans lui.

Ainsi ce 25 avril...

« C'était la première fois qu'un stage débutait un samedi, et j'ai changé mes habitudes. Pas d'avion mais le train jusqu'à la gare de l'Est et un petit détour par la Fédération pour y chercher le matériel. Et il en faut... Deux jeux de maillots pour le match, les shorts, les chaussettes, les ballons et le paquetage des petits débutants, Genghini et Soler cette fois. Lorsqu'il arrive en équipe de France, chaque joueur a droit à trois survêtements, un de loisir, un d'entraînement, un de pluie, deux paires de chaussures, une paire de training et un tee-shirt. Mais au cours du stage, il manque toujours quelque chose à quelqu'un, et du coup je me retrouve généralement avec six énormes malles dans ma chambre. Mais cette fois, avant France-Belgique, tous avaient un matériel impeccable, jusqu'au plus petit crampon, ce qui prouve à quel point ils prenaient le match au sérieux... »

La 1502, au cinquième étage de l'hôtel Valbièvre, juste en face de la chambre de Michel Hidalgo, ressemble plutôt à un supermarché. On y trouve tout, des cartes postales qu'on lui a demandé de faire signer, des photos à dédicacer, des ballons, des posters, des maillots qui sèchent, d'autres déjà secs, des neufs, des usagés, des culottes, des chaussettes, des malles, des sacs, et par-dessus tout ça, un lit où, lorsque tout est en ordre, Marc Bourrier peut de temps en temps dormir.

Ce samedi-là, il était dans ses quartiers depuis 18 heures et se chargeait de l'accueil des sélectionnés qui arrivaient les uns après les autres en taxi. Presque tous des « vieux » qui avaient déjà leurs habitudes et qui, après avoir salué la ravissante et sympathique directrice, montaient directement dans leurs chambres. Les mêmes depuis plusieurs mois pour les petits couples Dropsy-Specht, Tigana-Moizan, Platini-Six, Trésor-Janvion, mais Maxime Bossis demande maintenant à être seul depuis qu'il a perdu son compère Amisse, un peu délaissé par Hidalgo.

« A 19 h 30, nous sommes tous passés dans la salle à manger qui nous est réservée. Deux tables de huit pour les joueurs et une troisième pour l'encadrement, Michel Hidalgo, Henri Guérin, le docteur Vrillac, le masseur Jean-Paul Séréni et moi-même. Dès la fin du dîner, les joueurs sont montés dans leur chambre. Nous, nous sommes restés à parler de la journée du lendemain. Nous innovions avec un match au Parc des

MARC BOURRIER, HENRI GUÉRIN, MICHEL HIDALGO ET UN HOTE DE LUXE, MICHEL PLATINI
Le banc de l'état-major

Princes face à Auxerre et pendant qu'Hidalgo me disait comment il alignerait l'équipe, je préparais les équipements. Pas une seule fois nous n'avons évoqué le match contre les Belges. C'était encore loin, seul Auxerre nous intéressait.

« Le lendemain matin, dimanche donc, réveil à 8 h 15. C'est mon boulot de passer dans les chambres. Généralement ils dorment tous comme des bienheureux et c'est le signe que la journée de la veille a été rude. Je n'en ai connu que deux qui étaient toujours levés avant que je ne passe, Henri Michel et Marius Trésor.

« Après le petit déjeuner, départ en car pour le Parc. C'était amusant, ce match, de très bonne qualité même en première mi-temps. Le stade était totalement vide, et je suis allé m'installer en face de notre endroit habituel. On a une vision toute différente. Hidalgo est venu me rejoindre, mais nous nous sommes ensuite séparés pour être chacun le long d'une ligne. Michel tenait absolument à ce que les ailiers écartent au maximum le jeu, et nous avons houspillé un peu Zimako, Soler et Six. Tout ce petit monde a bien joué, et on ne remerciera jamais assez les Auxerrois de l'esprit dans lequel ils ont opéré. C'était parfait.

« L'après-midi, alors que tout le monde se consacrait à la sieste, Henri Guérin et moi-même sommes allés jusqu'à Orsay. Le terrain de Jouy, en effet, avait beaucoup souffert de l'hiver et il n'aurait pas été raisonnable de mettre notre petite troupe dessus. Avec Guérin, nous avons donc été faire du repérage et ce terrain d'Orsay, à dix minutes de l'hôtel, nous est apparu excellent. Je suis rentré juste à temps pour le footing de 18 heures. Une trentaine de minutes. Sans forcer. A allure douce. La preuve, ça discutait beaucoup dans les rangs. « J'aime bien ces randon-

TUSSEAU, BOURRIER, LOPEZ, SPECHT, CHRISTOPHE, PLATINI ET CONSORTS
... J'aime courir les cheveux dans le vent...

nées dans la forêt. Elles nous aident à entrer un peu dans un autre monde. Loin de la ville. Loin du bruit. »

Ce dimanche, le footing s'était déroulé en fin d'après-midi. Il n'avait pas le côté spectaculaire des courses du petit matin. La bande à Hidalgo, souvent alors la bande à Bourrier, prend des allures de train fantôme lorsqu'elle s'élance dans les premières brumes du jour. Au travers des vallons du Parc de Jouy, elle est entourée d'un halo de vapeur. Silencieusement elle se faufile au travers des buissons, grimpe les buttes en martelant des pieds, dévale les pentes à grandes enjambées, et glisse, presque irréelle, comme un essaim de taches multicolores, au milieu des arbres.

« Le lundi, j'ai d'abord fait office de réveille-matin comme d'habitude, et, à 9 h 30, nous étions sur le terrain d'Orsay pour l'entraînement. Une séance classique, avec en sa dernière partie, un petit match auquel j'ai participé. J'adore ces instants où l'absence de l'un, la fatigue de l'autre, me permet de jouer avec eux. Mais, Dieu qu'ils vont vite... C'est que je ne joue plus souvent. Deux ou trois fois par an avec les vétérans de l'Amicale des Educateurs. Ce n'est pas tout à fait le même rythme qu'avec les Platini, Bossis, Lopez ou Six. »

Aux environs de midi, l'hôtel Valbièvre connaît une belle animation, comme lors de tous les stages. C'est l'heure où les journalistes arrivent. Les uns traquent Giresse et Genghini qui auront la charge d'animer le milieu de terrain, d'autres veulent tout savoir de Six dont on attend tant en attaque, mais la majorité d'entre eux entourent Michel Hidalgo, espérant lui arracher quelques indications sur la composition de l'équipe.

« Mais Michel ne pouvait rien leur dire car lui-même hésitait encore. Il était venu en parler dans ma chambre. Il avait deux problèmes essentiels, le gardien de but et le stoppeur. Il m'avait comme souvent, demandé mon avis, mais sans me donner le sien. Alors, dans ces cas-là, je commence par dire "Il me semble que..." et j'avais poursuivi en expliquant que, si l'on avait rappelé Trésor, ce n'était pas pour le laisser sur la touche, que Lopez était excellent depuis déjà un long moment et que Specht, même s'il n'avait jamais déçu en équipe de France, me paraissait marquer le pas. Dans un même ordre d'idées, si nous cherchions une défense de métier, notamment en réincorporant Marius, il me paraissait plus logique de conserver Dropsy.

« Je me bornais à donner mon avis, mais j'étais content qu'il le sollicite. Lui prendrait sa décision, et c'est lui aussi qui devrait annoncer aux éliminés qu'ils l'étaient. Pas facile non plus.

« Trois fois dans la journée, Hidalgo viendra me reparler de la formation de l'équipe. Il était vraiment hésitant. »

Il est rare, en fin de saison, que l'équipe de France s'entraîne deux fois. Aussi, l'après-midi fut-il consacré d'abord à la vision au magnétoscope de Belgique-Hollande, ensuite à une causerie d'Hidalgo qui parla essentiellement des Belges. En soirée, petite innovation. Tout le monde se rendit au Parc des Princes dont l'éclairage venait d'être amélioré. Il s'agissait surtout pour les gardiens de s'habituer à cette nouvelle lumière, et Dropsy et Castaneda, pendant à peine vingt minutes, furent les deux seuls à réellement travailler.

« Le mardi, après le petit déjeuner, débuta par une cérémonie qui serre toujours un peu la gorge, l'annonce de l'équipe aux joueurs. Cela se passe au cinquième étage, dans la salle de billard, loin des oreilles indiscrètes. Michel ne lance pas de grandes phrases : " Voici la composition de l'équipe qui s'alignera demain... ", et il égrène les noms. En vérité, il a déjà parlé à tous ceux qui étaient en balance, et, depuis août 1976, je n'ai jamais entendu la moindre récrimination de la part d'un joueur.

« A l'entraînement qui a suivi, je me souviens que j'ai particulièrement fait travailler Dominique Dropsy. Souvent, c'est d'ailleurs lui qui me le demande. »

La presse n'apprend la formation de l'équipe que la veille à midi, de la bouche d'Hidalgo, et, souvent, c'est l'agitation chez les photographes. L'aide de Marc Bourrier leur est alors bien précieuse, pour aller chercher un joueur, ou pour prêter les indispensables accessoires que peuvent être un maillot ou un ballon. Généralement, l'après-midi du mardi est long, mais on voit de moins en moins les internationaux passer le temps à jouer aux cartes. Ils lisent ou se reposent en attendant la conférence de 18 heures qui verra, cette fois, Hidalgo parler du match en général, de la manière de jouer de l'adversaire, de celle qu'il faudra employer en face. Déjà, tous étaient concentrés, même ceux qui avaient assisté, dans le gymnase voisin, à l'entraînement des basketteurs de l'équipe de France, et qui s'étaient bien amusés en voyant Giresse aux côtés de quelques-uns des « doubles mètres ».

« Le mercredi, jour de la rencontre, au lieu de l'habituelle promenade en forêt, nous avons effectué un très léger entraînement. Avec deux objectifs. D'abord, diminuer un peu la tension qui tenaillait tout le monde et qui risquait d'être trop forte ; ensuite, répéter les coups de pieds arrêtés, corner au premier poteau et coup franc de nos gauchers, Six et Genghini. Ce devait s'avérer plus tard une bonne chose.

« Tous les équipements étaient prêts, il ne restait qu'à ranger le matériel d'entraînement, mais je me souviens encore que j'ai eu la visite d'un homme inquiet, Jean Tigana. Il venait voir la taille du short porteur du numéro six, le sien, car il avait peur qu'on l'ait prévu pour Larios et qu'on ne le voie plus dedans. Je l'ai rassuré. Avec des demis aussi différents qu'un Christophe ou un Giresse, je prends maintenant mes précautions et j'ai toutoujours trois tailles en réserve.

« A 16 h 30, après la sieste, je n'ai pas eu besoin de faire beaucoup de bruit pour le réveil. Personne ne dormait, et beaucoup vérifiait même, certainement pas pour la première fois, leurs chaussures.

« A 17 heures, c'était la collation avec thé, café, lait, miel, toasts, etc., puis l'ultime causerie d'Hidalgo avant le départ. Plus précise, plus personnelle. Avec un mot à chacun. " Attention, Dominique (Dropsy), aux balles aériennes. Didier (Six) et Gérard (Soler), pensez bien à écarter le jeu. Et vous tous, jouez avec vivacité sans jamais oublier de vous démarquer et de donner vite le ballon. "

« Dans le car déjà, que précédaient trois motards avec leurs sirènes, les mâchoires étaient crispées et plus personne ne parlait. Arrivé au Parc, chacun est allé déposer son sac au vestiaire et marcher un peu sur la pelouse. J'en ai profité pour accrocher les équipements aux portemanteaux et, lorsqu'ils sont rentrés, tout était prêt. Ils ont commencé par se déshabiller pour être massés. De temps en temps, quelqu'un laissait tomber un mot, mais rien ne pouvait briser la tension qui régnait.

« Moi aussi j'ai mis mes chaussures et, à 20 heures, nous sortions tous ensemble. Quelle ambiance fantastique ! Des cris, des hurlements, des applaudissements, des sifflets, des drapeaux, c'était extraordinaire. Sur le terrain, chacun a commencé son échauffement, et Hidalgo allait de l'un à l'autre pour un dernier conseil. Moi, j'étais avec Dropsy. Des balles, sur lui d'abord, puis à sa droite, puis à sa gauche, de plus en plus fortes, de plus en plus difficiles, et, pour conclure, de longs centres aériens.

« A 20 h 20, le délégué de l'Union européenne a rappelé les deux équipes. Dernière seconde dans les vestiaires. Un silence religieux. Seul, Michel Hidalgo parlait. Ses mots étaient comme des pierres : vivacité, démarquage, rigueur, joie de jouer, sérieux...

« Et je me suis retrouvé sur le banc, avec les places habituelles. Hidalgo au bout, puis Guérin, moi, le docteur, le mago (Séréni) et les joueurs. J'étais encore en train de regarder Rocheteau qui venait d'être abattu devant nous en début de match, lorsque j'ai entendu une clameur. J'ai relevé la tête. Le ballon était au fond des filets de Dropsy. La rencontre n'avait pas débuté depuis cinq minutes que déjà la Belgique menait 1-0.

« J'ai crié un grand " M... ". J'étais au bord du K.O. »

TACLE DU DÉFENSEUR BELGE, GERETS, DEVANT ROCHETEAU
Il ne l'arrête pas toujours

LES DIABLES ÉTAIENT EN BLEU

Marc Bourrier venait donc de jurer et la Belgique d'ouvrir le score. Un de ces buts dont on dit qu'il a été marqué dans les vestiaires. Un de ces buts des premières minutes qui change la face d'un match ou qui gâche une soirée. Un but en tout cas qui s'ajoutait à la longue liste des malheurs de l'équipe de France.

Avec à leur tête l'absence de ceux qui étaient considérés comme les deux meilleurs joueurs de l'année, Platini et Larios. Encore que Michel Platini ne fût pas bien loin. Il n'avait pu se résoudre à laisser « son » équipe de France se battre toute seule, et il était là au Parc. Deux heures avant le match, on l'avait vu engloutir un steak frites au restaurant du Parc. Pourtant, il avouait ne pas être dans son assiette. Déjà, à Rotterdam, il n'avait été qu'un spectateur et, visiblement, le rôle ne lui convenait pas.

Michel Platini a beau passer sa vie sur les terrains, il aime toujours autant le football ; il aime toujours autant l'équipe de France et, avant d'émettre la moindre critique à son égard, il faut toujours s'en souvenir. Il était donc assis, la gorge serrée, le visage blême, quand Van den Bergh, esseulé à la réception d'une longue transversale de Vercauteren, ouvrit la marque d'un superbe tir en coin. Il avait été le meilleur buteur européen de 1979 et il le rappelait à Dominique Dropsy.

Sur le banc français, dans les tribunes, c'était la désolation, le K.O. Hidalgo, les mâchoires serrées, n'avait même pas la force d'en vouloir à ce drôle d'arbitre, M. Sanchez Arminio, qui n'avait pas sanctionné au départ de l'action une faute évidente sur Rocheteau. Sans doute était-il plus préoccupé par cette charnière centrale Trésor-Lopez qu'il avait reconstituée et qui avait beaucoup de responsabilités sur ce premier but. Il avait pourtant mûrement réfléchi à sa décision.

Michel Hidalgo a toujours pensé qu'un très bon joueur peut s'adapter, et il lui paraissait évident que, si Trésor et Lopez étaient les deux meilleurs défenseurs centraux de France, il fallait les associer, même si le Stéphanois ne jouait pas dans son club au poste de stoppeur. Il s'en était d'ailleurs ouvert quelques jours auparavant à Lopez lui-même par téléphone et les deux hommes étaient tombés d'accord. Non sans que Lopez fasse bien remarquer au sélectionneur qu'il se considérait maintenant comme un titulaire de l'équipe de France, et non plus comme la doublure de Marius Trésor qu'il avait longtemps été. Pour que les choses soient claires...

Il était clair aussi, à 20 h 35, le 29 avril, que l'on ne se reconvertit pas aussi facilement d'un poste à l'autre, et Van den Bergh avait profité tout autant de la largesse de marquage de Lopez que du placement médiocre de Trésor, bien hésitant.

L'heure n'était pas à chercher les coupables, pas même à établir des comptes qui auraient d'ailleurs été bien sombres. Pour garder l'espoir de s'en aller construire des châteaux en Espagne l'année suivante, il fallait obligatoirement gagner tous ses matches à domicile. Ce qui voulait dire qu'il devenait impératif de marquer deux buts à une défense belge qui ne s'était inclinée qu'à une seule reprise en quatre heures et demie.

Quelque chose dans le genre mission impossible. A moins que le public, comme lors du mémorable France-Bulgarie, ne s'en mêle et ne vienne mettre le feu au Parc. Hélas ! les 40 000 supporters (10 000 au moins des spectateurs étaient belges), comme sans doute les quelques millions de téléspectateurs, étaient cloués au fond de leur siège. Abattus, traumatisés, muets. Le K.O. presque parfait. L'envie d'être ailleurs. Presque la certitude que les carottes étaient cuites, que les Belges se vengeraient ce soir de toutes les histoires racontées sur leur compte. Et quand on voyait Millecamps, Meeuws ou Guerets coucher dans l'herbe tout ce qui ressemblait à un attaquant français, on avait vraiment peu de raison d'être optimiste...

C'était mal connaître cette nouvelle bande à Hidalgo qui sait mêler la joie de jouer, l'habileté, la ruse, le courage, la création, la finesse, et qui, le temps de vingt minutes paradisiaques, allait y ajouter l'efficacité. S'il n'en restait que onze à croire à un possible renversement de situation, les Bleus de France étaient ceux-là. Ils eurent à la fois l'intelligence et la force de considérer ce but de Van den Bergh comme une simple péripétie et de ne pas changer leurs dispositions psychiques et tactiques.

Il avait été décidé qu'ils seraient offensifs, ils attaqueraient. Il avait été décidé qu'ils utiliseraient leur vitesse, ils se multiplieraient pour étouffer Van Moer au milieu, affoler les géants en défense, faire perdre sa sérénité à Preud'homme.

Restait à trouver le petit déclic, le détonateur qui leur prouverait qu'ils étaient sur la bonne voie. Ç'aurait pu être cette ouverture de Rocheteau pour Giresse, échouant d'un rien sur le gardien belge (8e). Ce fut un coup franc de Platini à la 12e minute. Mais qu'est-ce que je dis ? Platini ne jouait pas. Et pourtant lorsque Rocheteau, crocheté par le Belge de service, a fait connaissance avec le plat pays du Parc, un long

L'AISANCE DE TIGANA ET LA SOUFFRANCE DE VAN MOER
C'est dur d'avoir de vieilles jambes !

SOLER, CACHÉ PAR VAN DEN BERGH, A FRAPPÉ. PREUD'HOMME A UNE MAIN DE RETARD
Un coup de tête, et coup au cœur

frisson a parcouru les tribunes. « Platini, Platini », murmuraient les travées. « Il » n'était pas là et pourtant il se serait régalé sur un coup franc aux 20 mètres. « Il » n'était pas là, alors on allait le remplacer. « Il » marquait ses coups francs tout seul, on se mettrait à trois.

Un pour feinter, Didier Six qui passe par-dessus la balle et s'en va son chemin. Un pour frapper, Genghini, gaucher devant l'éternel, qui vise la barre, un pour conclure, Gérard Soler dont la tête traîne dans les parages. Vous ajoutez Six, Genghini et Soler et vous avez une égalisation.

Vous avez aussi une équipe de France déchaînée. Les milliers de Belges qui avaient sillonné l'autoroute du Nord le matin attendaient leurs traditionnels Diables rouges, même s'ils étaient vêtus de blanc ce soir-là, mais les diables étaient en bleu.

Pour Millecamps ainsi Rocheteau ne pouvait être que Satan, avec ses dribbles en pivot, ses changements de pied, ses gestes de virtuose, presque irréels. Un Satan béni des dieux sans doute car alors qu'il risquait sinon sa vie du moins celle de ses jambes à chacune des agressions de son rival, c'est Millecamps le vilain, Millecamps le méchant, qui dut sortir dès la 17e minute victime vraisemblablement d'une sorte de justice immanente et plus sûrement d'un pied qui en avait assez de se faire marcher dessus.

Mais que pensait Van Moer, sorti de derrière son bar et qui aurait bien donné quelques chopes de bière pour ne plus avoir sur le dos Genghini ou Tigana qui semblaient n'être pas deux mais quatre ou six ? Ce milieu de terrain poids plume, Giresse-Tigana-Genghini tourbillonnait aux quatre coins du Parc et personne chez les Français ne cédait devant la pression physique belge.

Non seulement on ne pliait pas, mais même on n'hésitait pas à répliquer et le soigneur belge n'en finissait pas de relever les siens qui avaient tendance à piquer du nez dans l'herbe. Une drôle d'herbe entre parenthèses. La France sortait d'une campagne électorale et les partisans de l'un des candidats

DEUXIÈME BUT FRANÇAIS PAR SIX, SURGI AVANT GÉRETS ET PREUD'HOMME
Un coup de patte pour se venger de Rotterdam

n'avaient pas trouvé plus belle stupidité que de brûler le gazon du Parc pour y tracer un slogan. Un slogan optimiste avant l'élection, un slogan bien déplacé lorsqu'on connaissait les résultats, ce qui était le cas. Aussi les amis du maire de Paris (mais non, je n'ai pas donné de nom !) s'étaient-ils agités les quarante-huit heures précédant la rencontre pour effacer les traces de leur méfait allant jusqu'à acheter 200 kilos de peinture verte pour en couvrir le gazon. Sans grand résultat sinon d'approcher d'encore un plus près le ridicule.

Ceux-là avaient perdu la bataille de la présidence. Ceux qui se battaient aujourd'hui au Parc n'imaginaient pas ce qu'aurait pu être une désillusion. Ils étaient partis à la conquête d'un bout de paradis et personne n'aurait pu les arrêter. Toutes leurs actions démarraient du fond du cœur et éclataient de lumière. Le bleu volait, le bleu brillait, le bleu dansait. Le blanc des Belges pliait, piétinait, rampait même.

Un trait de génie, entre cent, de Tigana, un centre de Rocheteau comme au bon vieux temps, une reprise du plat du pied droit de Six et les petits Français avaient pris la tête. Bizarre tout de même ce football. A Rotterdam un coup franc va sur la barre sans conséquence pour les Hollandais et Six manque du gauche un but tout fait. A Paris, un coup franc semblable offre le but à Soler et Six ensuite ne manque pas, du pied droit, lui le gaucher, un but tout aussi fait. Et au lieu de 0-1, le tableau d'affichage sourit un 2-1.

Pas pour longtemps. Cinq minutes plus tard, Tigana fait encore des siennes. Le plus brésilien des Tricolores a vu Soler sur l'aile gauche. D'une admirable passe dans le dos de toute la défense il l'a trouvé. Le Bordelais s'avance. L'angle est réduit. Logiquement il devrait centrer. Soler n'a jamais été un amoureux de la logique. Il est un peu un chien fou dans notre football et le voilà qui tire dans sa foulée. Déjà les puristes entament leurs critiques sur cet excès d'individualisme, sur ce nez penché sur le bout des chaussures, sur ce centre qui aurait été idéal quand Preud'homme rentre tous ses arguments au fond des poches avec des tonnes de mouchoirs par-dessus. Trompé, lui aussi, sur les intentions de Soler, il avait laissé une belle brèche sur sa droite. Justement, là où le ballon s'engouffrait, et ce n'était pas un plongeon tardif ni des mains fuyantes qui pouvaient empêcher la France de mener 3-1. Le match avait débuté trente et une minutes plus tôt.

Trois buts en une demi-heure, trois buts face à la Belgique finaliste du dernier championnat d'Europe des Nations, trois buts en éliminatoire de la Coupe du Monde, c'était du jamais vu, et, au retour aux vestiaires, les yeux brillaient.

La faute d'inattention qui avait coûté le premier coup de poignard belge était oubliée. Un peu trop même. Car six minutes après la reprise on prenait presque les mêmes et on recommençait. Une ouverture de Van Moer, sa première action du match, Ceulemans oublié en partie par Janvion, et voilà les Belges revenus à 3-2.

A moins que le juge de touche ne décide du contraire, le grand Ceulemans était de toute évidence à la limite du hors-jeu. Mais de quel côté de la limite ? Les Français étaient persuadés qu'il était en position illicite. Le juge de touche n'en savait rien. Il avait d'abord levé son drapeau, puis l'avait abaissé et visiblement aurait souhaité être ailleurs. M. Sanchez Arminio pataugeait tout autant et il prit le parti d'accorder le but.

Personne ne saura jamais si Ceulemans était hors-jeu (les images télévisées semblent dire le contraire), mais ce qui est certain, c'est que ce trio

CEULEMANS A FRAPPÉ SOUS LA BARRE, DROPSY EST BATTU
Les Belges revenaient tout près

PREUD'HOMME EN DIFFICULTÉ DEVANT SIX ET ROCHETEAU
Attaquez, attaquez toujours, attaquez encore...

d'arbitres espagnols avait des conceptions bizarres des règles du jeu et surtout du hors-jeu. Leur nombre d'erreurs fut pour le moins impressionnant et à eux seuls ils auraient pu faire basculer la rencontre. En ne sanctionnant pas quelques interventions dignes de coupe-gorge d'autrefois, en multipliant les hésitations, en laissant filer hors-jeu bon nombre d'attaquants, et parmi eux le plus remuant, le plus inspiré, le plus déroutant, Dominique Rocheteau.

La saison précédente il faisait peine à voir à l'aile droite de Saint-Etienne. Ayant perdu l'envie de jouer, il ne réussissait plus rien et son transfert à Paris Saint-Germain avait soulevé des remarques ironiques. « Allez, disaient beaucoup, Borelli s'est encore fait avoir. » J'étais d'ailleurs, pourquoi ne l'avouerais-je pas, de ceux qui pensaient que Rocheteau n'apporterait pas grand-chose à Paris Saint-Germain. Georges Peyroche était exactement de l'avis contraire. « Je ne peux pas croire qu'un garçon de cette qualité disparaisse soudainement, m'avait-il souvent répété. Il est encore un grand joueur et il sera l'avant-centre qu'il nous faut. » J'adore Georges Peyroche qui dans la jungle du football professionnel a toujours su garder de formidables qualités humaines, mais je ne le croyais pas. Je me trompais et vous ne me ferez plus jamais dire qu'une reconversion tentée par Peyroche n'aboutira pas. Un jour, il avait fait, à Lille, du Chilien Ignace Prieto le meilleur libero de France. Alors quand il annonce qu'en 1982 Dominique Bathenay sera un grand numéro 5, je me tais.

Mais devant les exploits de Rocheteau, face aux Belges, il n'était pas question de se taire. Plutôt de s'extasier à tout moment. Insaisissable, l'ancien ange vert devenu démon bleu, posait aux défenseurs des problèmes qu'ils ne résolvaient que par la violence. Admirable Rocheteau qui jamais n'eut un geste de vengeance, jamais une parole de colère malgré le traitement auquel il était soumis. Sans doute aurait-il été le héros de la soirée s'il n'avait manqué en fin de match trois superbes occasions qu'il s'était créées. La fatigue alors était trop forte et il ne sut trouver l'adresse nécessaire à l'exploit.

Ses échecs qui n'effaçaient pas sa démonstration de la première heure empêchaient le Parc de se libérer. 3-2, c'était rester toujours à la merci d'un contre quelconque qui aurait ravi un bonheur cent fois mérité. Au fil des minutes la tension montait. Chaque coup franc accordé aux Belges prenait des allures de penalty. Chaque action adverse était comme une épée qui se levait au-dessus des têtes.

Enfin, ce fut la délivrance et la porte ouverte à toutes les émotions. Avec d'abord celle d'Hidalgo. Il s'était pourtant bien juré de les garder pour lui. Aussi quand Michel Denisot s'avança vers lui, tourna-t-il un long moment la tête pour ne pas montrer qu'il allait pleurer, pour réprimer des sanglots qui voulaient exploser. La virtuosité de Tigana, la réussite de Soler, la sûreté de Bossis, le dynamisme de Rocheteau, toutes ces images avaient été si fortes et encore si proches.

Et puis, les larmes de bonheur n'ont pas le même goût que les autres...

ROCHETEAU CHERCHE A ÉCHAPPER A MEEUWS
Toi, si je t'attrape...

YANNICK NOAH : REGARDS SUR LE BALLON ROND

Mais pourquoi donc Yannick Noah a-t-il choisi la carrière de tennisman alors que tout paraissait réuni pour qu'il devienne footballeur comme son père ? C'est la question que l'on se pose quand on voit sur une photo le petit Yannick, alors âgé d'un an, assis sur la Coupe de France que vient de gagner son papa Zacharie en 1961 avec l'équipe de Sedan.

Comme chez les Stopyra, Muller et Touré, le fils aurait très bien pu chercher à imiter son père. Ce ne devait pas être le cas parce que les circonstances — tout simplement — ne s'y prêtèrent pas.

« Quand mon père mit un terme à sa carrière professionnelle à Sedan à 36 ans à la suite d'une fracture du tibia gauche et du bassin, a raconté Noah à Christian Collin, auteur du *Livre d'or du Tennis,* toute la famille retourna au Cameroun. Je n'avais alors que 5 ans et je n'avais jamais vu jouer mon père. Je sais seulement d'après ce que l'on devait me dire ensuite, que c'était un arrière très « physique ». Au Cameroun, j'aurais pu évidemment m'orienter vers le football. Comme tous les garçons de mon âge, j'aimais taper dans un ballon mais dans ce pays d'Afrique rien n'est vraiment organisé. Pas d'école de football, pas d'équipe. Bref, de grandes difficultés pour jouer un peu plus sérieusement que dans la rue. »

Il se trouve aussi que Zacharie Noah, contraint et forcé d'abandonner le football pour des raisons physiques, tourna le dos à ce sport. Mais sportif dans l'âme comme son épouse Marie-Claire, excellente joueuse de basket-ball, il chercha une autre activité, une autre distraction. Ce fut le tennis...

« J'avais alors 5 ou 6 ans et tous les week-ends, j'allais avec mon père au club de tennis de Yaoundé. C'est là que j'ai appris à jouer... Le jeu m'a tout de suite plu et j'ai continué avec une passion grandissante. »

Mais si le tennis devint bientôt l'occupation principale de Yannick puis son métier dès l'âge de 15 ans ou presque, le football demeurait sa distraction préférée. « Je me souviens de mon arrivée en France au lycée tennis-études de Nice, nous jouions au football après le tennis, souvent à quatre contre quatre sur un terrain de handball. J'adorais ça. »

Après s'être établi définitivement à Paris, Yannick ne se contentait pas d'être un spectateur assidu au Parc des Princes pour soutenir l'équipe de France ou le Paris Saint-Germain. Il « signa » avec l'équipe de copains des « Variétés-Club de France » dirigée par Jacques Vendroux, le journaliste de Radio-France.

« Nous formons une bande très sympathique passionnée de ballon rond. Il y a des tennismen comme Proisy et Deblicker. Parfois Guy Drut nous rejoint tout comme Bathenay, Toko et bien d'autres. Bref, on s'amuse sans se prendre vraiment au sérieux mais tout en jouant le mieux possible. C'est Jean-Michel Larqué qui nous dirige, qui nous donne des consignes aux vestiaires et l'on s'y croit un peu... Personnellement, j'opère en milieu de terrain ou au poste de libéro.

« Pendant trois ans, jusqu'en 1980, chaque hiver, je n'arrêtais pas de jouer avec cette équipe. J'ai même fait une tournée de dix jours à Tahiti. Je jouais aussi avec une équipe du Racing Club de France avec une fausse licence. J'étais vraiment dingue de football à cette époque au point que le tennis passait presque après. Souvent il m'arrivait d'aller directement au petit matin, de la boîte de nuit au stade pour jouer un match...

« Malheureusement, il a fallu que je réduise sensiblement ce genre d'existence. Non seulement, désormais, je ne suis plus souvent en France l'hiver car je dispute des tournois aux Etats-Unis, mais à deux reprises je me suis donné une entorse à la cheville en jouant au football et j'ai alors constaté que c'était bien trop risqué pour ma carrière. Depuis que je suis dans les vingt meilleurs joueurs du monde, j'ai de nouvelles responsabilités et j'ai dû en tenir compte. »

Le tennis français y a certainement gagné, mais le football a perdu une attraction. A une technique proche de celle de l'élite, Noah ajoute en effet d'immense qualités physiques et surtout cette souplesse de félin qui en faisait un joueur très spectaculaire.

Mais contraint de s'éloigner du football pour des raisons professionnelles, Noah demeure un amoureux du ballon rond, sport sur lequel il porte un regard passionné. « J'aime ce sport essentiellement pour son ambiance collective. Le partage de la victoire ou de la défaite c'est un aspect très important pour moi en sport. Ne serait-ce que pour cette raison, j'aurais préféré plutôt mener une carrière de footballeur que de tennisman.

« D'une façon générale, j'ai l'impression que sur le terrain, la vie d'un footballeur est plus facile que celle d'un tennisman. Même si un jour, un joueur n'est pas bon, son manque de réussite peut être noyé dans la masse. En tennis, on est seul sur le court, par conséquent, seul responsable du résultat, mais il s'agit là d'une impression ressentie alors que je joue au football pour mon plaisir. Si c'était mon métier, je tiendrais certainement un raisonnement différent.

« D'ailleurs, parfois, je me suis rendu compte que la responsabilité personnelle était également importante en football. J'ai un souvenir précis à ce sujet. En 1979, en Coupe de France, avec le « Variétés » il a fallu avoir recours au tir de pénalties. J'ai eu vraiment peur de le rater. Les copains étaient derrière. Ils comptaient sur moi. A ce moment-là, la pression était peut-être plus grande qu'en tennis. »

Toujours averti des choses du football, Yannick a cette saison encore suivi de fort près le championnat de France admirant comme tous les Français les performances de Saint-Etienne et de Nantes sans oublier celles du Paris Saint-Germain, son club.

« Le matin, quand j'achète *l'Equipe*, tennis et football sont les deux rubriques que je lis tout de suite. Je souffre quand je suis à l'autre bout du monde et que je n'ai aucune information. Heureusement, il y a le téléphone... »

On le voit, si Yannick Noah est un tennisman professionnel, il y a toujours chez lui un footballeur qui sommeille... L'hérédité, peut-être...

ASSIS SUR LA COUPE DE FRANCE DE FOOTBALL
« J'avais un an »

PLATINI AUX PIEDS DE TOURÉ, MAIS LOPEZ VEILLE
Intensité

REPRISE DE VOLÉE DE PICOT DEVANT GARDON, AGERBECK ET JANVION
Du beau travail

UN MATCH COMME LES AUTRES

C'était la semaine des débats. Le grand d'abord avec Giscard, le sortant, et Mitterrand, le challenger, qui avaient vidé les rues de France. L'autre avec Nantes, le tenant, et Saint-Etienne, le nouvel ambitieux, qui remuait la France du football. Le premier avait été longtemps menacé en raison des procédures différentes qu'exigeaient les deux candidats. Le second le fut aussi à cause d'un des plus beaux orages qui ait résonné dans le ciel nantais. Partout l'eau se déversait, noyant les rues, trempant les os et surtout recouvrant la pelouse du stade Marcel-Saupin. Albert Heil, le secrétaire, n'en finissait pas de se rendre au stade pour contempler l'étendue des dégâts. Enfin, à 15 heures, au moment où changeait la marée, le ciel se dégagea. Le match pourrait se jouer même si la pelouse n'était pas digne d'un tel sommet.

A propos d'orage, il y en avait eu un beau aussi, la veille dans les vestiaires du centre de la Jonelière, où s'entraînent les Nantais. Enzo Trossero et Patrice Rio venaient d'y apprendre que Jean Vincent ne les jugeait pas en forme suffisante pour le lendemain et qu'ils ne seraient que des spectateurs. En quelques mois l'Argentin n'avait pas encore appris toutes les finesses de la langue française, mais il en savait suffisamment pour se faire comprendre. Et de toute évidence il était fort mécontent. Et même un peu plus. Puisqu'il alla jusqu'à promettre de « casser la goule » à Jean Vincent très prochainement. Ce n'étaient heureusement que des mots.

Ceux de Patrice Rio n'étaient guère plus tendres, « Vincent est un entraîneur bidon », laissait-il tomber.

Des phrases qui ne ménageaient guère leur entraîneur mais qui avaient le mérite de prouver leur attachement à leur métier de professionnel, de montrer aussi combien ils pouvaient être déçus de ne pas être de la fête le lendemain.

Et pourtant, au milieu de cette fièvre qui régnait au moins sur tout le pays nantais, il était quelqu'un qui affichait un flegme presque britannique, José Touré. Promu à d'étonnantes responsabilités dans cette formation nantaise, à la base d'un retentissant 5-0 face à Monaco dix jours plus tôt, absent pour la dernière et triste défaite à Laval, il était le leader de cette nouvelle vague qui, cette saison, bouleversait toutes les hiérarchies. On aurait donc pu le croire, crispé, angoissé. Pas du tout :

« Un sommet, ce Nantes-Saint-Etienne ?... Ah bon, avait-il répondu à Patrice Burchkalter, envoyé très spécial de l'Agence France-Presse. Non, chacun attend toujours monts et merveilles de ce Nantes-Saint-Etienne et... rien. Le spectacle n'atteint jamais le niveau escompté. C'est normal d'ailleurs. Les deux équipes se connaissent tellement. Elles éprouvent un respect mutuel poussé à l'extrême. Aussi l'intensité est-elle souvent absente de la partie. Pendant quatre-vingt-dix minutes nous nous effleurons. Oui, c'est cela, nous nous effleurons. Il n'y a pas de contacts véritables comme dans un derby, par exemple. Là, d'accord, l'engagement est total. Mais Nantes-Saint-Etienne est un match comme les autres. »

Ces paroles de José Touré auraient bien étonné les 25 000 spectateurs du stade Marcel-Saupin qui s'apprêtaient à vivre l'événement de la saison. Il en était venu de toute la France et beaucoup au prix de mille sacrifices. Un petit club comme l'US 17 Tournants, dans les Yvelines, s'était organisé pour

AGERBECK A MARQUÉ. PICOT ET MULLER EXULTENT. PAS JANVION
La joie est parfois bien courte

assister à ce sommet. Cela implique de prendre une journée de congés, facile pour le président Marcel dont l'épouse tiendra seule l'épicerie, plus difficile pour les Christian, Charlie, Coco et les autres qui n'ont pas forcément des employeurs fanatiques de football. Aussi le 12 mai se déclencha-t-il une petite épidémie de grippe dans la région... ce qui permit à une vingtaine de mordus de s'entasser dans quatre voitures, de filer jusqu'à Nantes, de revenir ensuite dans la nuit pour reprendre le travail le lendemain matin. Pas tous d'ailleurs. Il manquait un quart du convoi, stoppé à trois heures du matin aux environs de Chartres par une courroie de ventilateur qui n'avait pas supporté les émotions du voyage. Que José Touré aille ensuite raconter à ceux qui ont passé cinq heures à se geler dans la voiture que Nantes-Saint-Etienne était un match comme les autres...

Et pourtant l'attaquant nantais n'avait pas tort. Usés par une longue saison, contractés par l'enjeu, minés par un sol spongieux qui les épuisait encore un peu plus à chaque pas, Stéphanois et Nantais n'offrirent qu'un médiocre spectacle. Surtout en première mi-temps où l'on peut dire qu'il ne se passa rien. Le grand face à face attendu n'était qu'un pâle dos à dos, et la musique de Bob Marley, ami des Nantais, était la bienvenue pour mettre un peu d'ambiance après le repos.

Le public n'aurait sans doute pas supporté quarante-cinq autres minutes d'une même monotonie et il allait avoir droit à deux coups de théâtre en quelques secondes.

D'abord une longue ouverture de Henri Michel qui avait senti qu'il fallait tout de même que quelqu'un prenne un minimum de risques. Une tête lobée d'Agerbeck et les Nantais avaient ouvert le score. Le titre s'offrait à eux car à cet instant ils avaient deux points d'avance sur leurs rivaux. « Nous avions fait le plus dur », dira ensuite Henri Michel, conscient que marquer un but dans ce match verrouillé comme une porte de banque tenait du miracle.

Les Nantais alors paraissaient bien avoir le match en main. Il suffisait de rester calme. Facile à dire... Le gardien nantais par exemple Dominique Leclercq était tout excité après cette réussite d'Agerbeck et sur le ballon suivant il fut incapable de maîtriser ses nerfs. Au lieu de prendre son temps, de briser totalement le rythme du jeu, il voulut relancer à toute allure. Et mit Oscar Muller dans une drôle de galère. Mis en possession du ballon à la sortie de la surface de réparation, le demi nantais perdit d'abord un temps fou à le maîtriser. Le terrain glissait, la balle glissait et voilà que des Stéphanois arrivaient en trombe. En un instant il fallait prendre une décision. La bonne aurait sans doute été de rendre ce damné ballon à Leclercq, la mauvaise était de tenter un dribble sur Zanon, le premier des empêcheurs verts de jouer en rond. Oscar Muller fit le mauvais choix et Zanon le bon usage du cadeau qu'on lui offrait. Saint-Etienne avait égalisé, Saint-Etienne serait champion de France à la faveur d'un match en retard qu'il lui restait à gagner à Sochaux.

Oscar Muller parla peu à son retour dans les vestiaires, Dominique Leclercq non plus, mais personne ne chercha à en faire des coupables. Si Nantes avait laissé échapper son titre, c'était peut-être et surtout en raison de l'invrai-

LARIOS ET MICHEL AVEC LE MÊME OBJECTIF
Duel au sommet

BATTISTON ET AMISSE POUSSÉS PAR LA MÊME DÉTERMINATION
Le vert et le jaune vont si bien au football français

semblable série de blessures qui avaient frappé les siens. Pour ce match au sommet manquaient Eric Pécout, treizième homme, sans avoir oublié ces longs mois de doute, Baronchelli, opéré des adducteurs, Tusseau, opéré d'une pubalgie, Rio et Trossero, écartés pour une méforme due à de récentes blessures, et Bertrand-Demanes. Six titulaires !

C'était beaucoup, même si Coco Suaudeau avait encore sorti de sa fantastique maternelle un Adonkor par exemple, totalement inconnu et qui se permit de museler totalement Michel Platini. Larios et Platini étaient, il est vrai, au bout du rouleau et sans doute auraient-ils souhaité que l'on fasse aussi, à Saint-Etienne, appel un peu plus souvent à des jeunes.

Le destin du championnat s'était donc scellé ce 12 mai, sans fièvre, comme l'avait annoncé José Touré, comme il le confirmait ensuite :

« Je suis rentré et sorti du terrain comme si rien ne s'était passé. Il n'y a plus de passion ni pour les joueurs ni pour le public. Ce fut un match bizarre, bizarre. Nous étions mous, nous avons joué sur un faux rythme. D'ailleurs je crois qu'il n'y a pas eu de rythme du tout. C'est bien simple : d'habitude nous nous amusons. Là, même pas. Je n'arrive pas à éprouver une quelconque déception. Si on analyse la rencontre, on est bien obligé de dire que le résultat nul est ce qu'on pouvait attendre de plus raisonnable. Je n'y vois pas la moindre injustice. »

Sans doute n'y avait-il pas la moindre injustice sur le résultat, mais n'y en avait-il pas à offrir un si piètre spectacle à ceux qui attendaient tant de l'autre grand débat ?

L'AVANT-DERNIER DIRECT

Pour France-Inter, l'avant-dernière journée de championnat avait débuté quinze jours plus tôt. Au moment où Pierre Loctin, chef de la rubrique football, réfléchissant sur le programme, avait décidé que Christian Bindner serait à Sochaux-Nantes, Fabrice Balledent à Tours-Saint-Etienne, que lui-même serait en studio et que le reportage des autres rencontres serait assuré par les correspondants régionaux. La trame était mise en place, il restait à la confirmer par l'envoi de télex aux différents responsables et par toute une préparation technique.

Il faut commander des circuits aux P. et T. qui vont les installer la veille dans chaque stade. Il faut aussi qu'un technicien de Radio-France branche les appareils. Il faut encore que le centre de modulation de la Maison de la radio réunisse les dix lignes provenant des stades sur une seule voie permettant ainsi aux envoyés spéciaux d'intervenir à tout moment. Il faut ceci, il faut cela, il faut mille choses encore pour qu'à 20 h 05, chaque soirée de championnat, des dizaines de milliers d'auditeurs puissent vivre en direct tous les matches.

Ce soir-là, donc, Saint-Etienne se rendait à Tours, Nantes à Sochaux et le titre était en jeu. Peut-être serait-il décerné ce 29 mai, peut-être serait-il utile d'attendre trois jours, mais l'instant était capital.

Pierre Loctin en vrai professionnel avait préparé l'émission l'après-midi, consultant ses notes, jetant un coup d'œil sur les archives, s'intéressant aux derniers potins des coulisses, et à 19 h 50 il était fort décontracté pendant que l'équipe technique vérifiait une dernière fois les lignes. Seuls les reporters de Bordeaux et Nice étaient déjà en place, mais il en aurait fallu plus pour inquiéter le réalisateur Bernard Foulquier et les hommes des manettes, Patrick Li, Pierre Delordi et Bernard Cayron. Tout ce joli petit monde avait le sourire et visiblement chacun était heureux d'être là.

Antenne à 20 h 05. Seul dans son studio, face à une table ronde où s'éparpillent quelques micros, Pierre Loctin annonce la soirée. Derrière la vitre les techniciens surveillent leurs instruments, un œil particulier sur Nîmes qui ne sera en liaison qu'à 20 h 15. Petit contretemps à Lyon où le journaliste n'a pas ses circuits et devra donc travailler par téléphone.

20 h 20 : Loctin appelle Fabrice Balledent à Tours. On perçoit la folle ambiance dans le stade pendant que Fabrice présente le match. Il parle quatre minutes évoquant la détermination des Stéphanois, l'angoisse des Tourangeaux, le départ prochain de Pierre Phelippon.

Christian Bindner lui succède à Sochaux et il a rencontré des Nantais fatalistes et des Sochaliens bien malheureux qui perdent encore Genghini pendant l'échauffement. Ils vont jouer avec un cadet...

20 h 28 : Pierre Loctin poursuit son tour des stades. A toute vitesse car les deux « grands » ont mangé pas mal de temps.

Bordeaux-Metz (Gérard Berliet) : « Alain Giresse qui était blessé à recommencé à courir ce matin, Gemmrich sera opéré d'une pubalgie, Tigana sera à Bordeaux demain pour y soigner un contrat de cinq ans. »

Nice-Monaco (Jean Simon) : « Match de la dernière chance, présence pour la première fois dans les tribunes de l'ancien président Jean Leuillet. »

TIGANA SOUTIENT MOIZAN, POURSUIVI PAR FERNANDEZ
Trois milieux de haut de tableau

Nîmes-Laval (Jean-Jacques Py) : « Tristesse au stade Jean-Bouin. »

Lens-Paris SG (Jean-Pierre Mortagne) : « Les Nordistes laissent trois joueurs au repos en prévision de la Coupe de France. Bathenay qui n'avait pas joué depuis le 28 mars effectue sa rentrée. »

Lyon-Auxerre (Jean-Jacques Bozonnet par téléphone) : « Pas grand monde à Gerland. » La voix apparaît très lointaine, à peine distincte. Avec de grands gestes Loctin fait signe aux techniciens que le son est vraiment trop mauvais. On coupe en espérant une amélioration plus tard.

Angers-Strasbourg (Paul Gauthier) : « Le match est déjà commencé depuis quatre minutes. »

Bastia-Lille (Rémi Guidicelli) : « A Bastia on pense aussi à la Coupe de France mais on n'a laissé personne au repos. » Pan sur le bec lensois !

Nancy-Valenciennes (Hervé Laurent) : « Rouyer est suspendu et ne jouera pas le dernier match avec son club alors que... but, but, de Valenciennes par Jacques ! Premier but de la soirée. »

« Allô Pierre, Allô Pierre... but au stade du Ray pour les Niçois par Buscher qui a mystifié Ettori au moment où... »

« Pierre Loctin, Pierre Loctin, égalisation nancéenne d'une superbe reprise de volée de Perdriau. »

C'est parti tous azimuts. Pas même le temps de respirer et déjà trois buts.

Jean-Paul Brouchon, directeur des services sportifs de France-Inter entre dans le studio. Il arrive de Roland-Garros pour dire un mot des victoires de Noah et de Tulasne. Il a juste le temps de parler de sa confiance dans l'avenir du tennis français que déjà l'antenne lui est reprise.

« But d'Agerbeck pour Nantes ! » C'est Bindner qui appelle de Sochaux. « Les Nantais étaient pourtant dominés mais ils ont profité d'une action de Pécout en contre pour ouvrir la marque par le Danois. »

Dans la seconde qui suit on réclame l'antenne à Tours. Balledent : « But pour Saint-Etienne ! Platini à bout portant. C'est la réponse du berger à la bergère. »

Les « grands » ont frappé. Mais les petits veulent aussi leur temps de parole. Commence un étonnant chassé-croisé entre les micros de Bastia et de Nancy.

« But de Marcialis seul dans la défense lilloise. »

« But de Zenier pour Nancy qui reprend l'avantage face à Valenciennes. »

« Ici Furiani, but de Fiard, un petit jeune. »

« Avalanche de buts à Nancy. Zenier porte la marque à 3-1. »

Jean Simon, de Nice, vient s'en mêler : « Magnifique mouvement des Azuréens. Quatre passes instantanées et Noguès conclut. »

Tout le monde a besoin de retrouver ses esprits. Pierre Loctin l'a compris. Il rappelle calmement les résultats avant de donner la parole à Balledent qui voit sans doute évoluer les futurs champions de France. Il reparle du but de Platini, de la domination stéphanoise, décrit quelques actions. Les mots volent, les noms aussi. Gardon, Rep, Bellus, Sidaine, Onnis...

Pierre Loctin reprend la parole : à France-Inter aussi nous jouons l'alternance, allons donc à Sochaux.

Bindner a à peine le temps de dire que les Nantais jouent en blanc et vert que Bordeaux intervient : « Pour un penalty messin sifflé par M. Quiniou et transformé par Raspollini. »

Lens enchaîne avec une pointe d'accent : « Allô, ici le stade Bollaert. Premier but lensois d'Yves Ehrlacher. »

Retour à Sochaux où Bindner rit aux éclats en racontant une collision entre Touré et l'arbitre.

Les techniciens s'agitent derrière la vitre. Pierre Loctin a compris. Il fait un signe et on balance sur l'antenne Jean-Jacques Bozonnet qui, sur son triste téléphone, annonce un but lyonnais par Maroc.

Et on repart pour Tours. Balledent a son ton habituel. Original, syncopé, peu d'hésitations. Beaucoup de compliments pour les Stéphanois. Il s'enflamme pour une attaque verte : « Hors jeu, oui hors jeu ! »

A quelques centaines de kilomètres de là, Christian Bindner est moins tendre pour les Nantais : « Sochaux domine, ne se procure guère d'occasions, mais les corners se succèdent. »

On va du côté de Nîmes pour avoir des nouvelles de barrages. Si Laval y perd... Bonne inspiration. Philippe Redon vient d'y marquer en contre un but qui fait mal aux Nîmois mais aussi aux Tourangeaux et aux Lillois qui se débattent en eaux troubles loin du stade Jean-Bouin.

Et voilà un autre but qui scelle peut-être le destin du championnat. Bindner a haussé le ton : « Egalisation socha-

SOLER AU-DESSUS DES OBSTACLES
Un grand cru 81

ONNIS, LE SAUVEUR DE TOURS
La ruse du chasseur

lienne. Anziani a jonglé au premier poteau devant un défenseur nantais et marqué d'un superbe retourné. »

En studio, Pierre Loctin tire les conclusions de ce point que laissent échapper les Nantais et qui offre encore un peu plus le titre aux Stéphanois. Voilà les Verts avec deux points d'avance. Pour combien de temps ?

Une minute à peine, le temps que Bindner reprenne la parole pour un nouveau but d'Agerbeck. Deuxième but de Nantes, deuxième but de Saint-Etienne dans la foulée : « C'est Rep qui bat Sidaine et aggrave le score. »

Les auditeurs sont emportés dans le tourbillon. Ils vivent au rythme de ce championnat passionnant qui se remet en question à chaque seconde.

Personne n'a encore récupéré de ses émotions que Lens est en ligne pour un but de Toko. Agerbeck, Rep, Toko : pas beaucoup de Français chez les goléadors.

Pierre Loctin a bon cœur. Il se rend chez le dernier, Angers.

« Pardon Angers, je vous délaisse un peu. »

« Ce n'est pas grave. Ici on s'intéresse aussi beaucoup au sort de Nantes ou de Laval, les bons voisins. »

On approche de la mi-temps. Une clameur. Un but quelque part ? Personne ne répond. C'était la mi-temps à Sochaux. Un peu partout, on dresse un premier bilan. Pas de but à Angers, nul à Lens, onze corners et un but pour Sochaux, trois corners et deux buts pour Nantes, un but d'avance pour Metz à Bordeaux, un but de Monaco à Nice pendant les arrêts de jeu, Nîmes mené par Laval, etc.

Pierre Loctin a ses troupes bien en main. Personne ne fait trop long. Il accorde à tous une mi-temps de 10 minutes. Avec Julien Clerc.

A 21 h 30, on repart avec en plus les auditeurs de Radio-France International. L'émission est écoutée en direct aussi bien à Tahiti qu'à la Réunion, en Nouvelle-Calédonie ou en Afrique. Quelques mots de bienvenue de Pierre Loctin et on repart pour le Tour de France. Sochaux d'abord : « Pour une incroyable égalisation sochalienne. Stopyra complètement sur la droite, à près de quarante mètres, a lobé Leclerc. Mauvaise affaire pour les Nantais.

Balledent renchérit à Tours : « Saint-Etienne a encore amélioré sa situation. »

De Bastia on entend des rires et des cris. C'est la fête là-bas. Guidicelli en bafouille, et entre deux gloussements annonce un but... de Lille.

Le championnat et l'émission ont repris leur rythme.

A Lens, but d'Ehrlacher.

A Lens, égalisation parisienne après un exploit personnel de Rocheteau.

A Sochaux, tir de Pécout repoussé, tête d'Amisse. Nantes mène 3-2.

KRIMAU S'INFILTRE ENTRE DEUX DÉFENSEURS LENSOIS
Rien ne vaut un bon derby

A Bordeaux, rien de spécial sinon que c'est bien laborieux du côté des Girondins.

A Angers, il ne se passe vraiment pas grand-chose. »

Un moment d'accalmie. On retourne chez les formations de tête. Fabrice Balledent démarre une analyse de la supériorité stéphanoise. Il est interrompu par une voix venue de Corse : « Allô, allô, troisième but de Bastia grâce à une prouesse technique de Roger Milla. »

Balledent reprend : « Je vous disais que les attaquants tourangeaux ont bien du mal à se frayer un chemin dans la compacte défense stéphanoise. On pourrait même aller jusqu'à dire que les Verts, comme leur président, fument la pipe. »

Pierre Loctin :

« En est-il de même pour les Jaunes de Nantes, Christian Bindner ?

— Pas du tout, ils souffrent. La plupart ne sont pas au top-niveau, c'est évident. Mais il faut rendre justice à l'un d'entre eux, Eric Pécout, qui n'a pas marqué ce soir mais qui a été de tous les coups. »

Au stade Jean-Bouin, on appelle pour l'égalisation nîmoise mais la voix est couverte par ce farceur de Bastiais. Pierre Loctin lui demande d'attendre. Il réinterviendra un peu plus tard pour donner le troisième but de Milla.

Troisième but aussi de Paris SG par Boubacar.

Quatrième but de l'AS Nancy.

Penalty pour Nancy. C'est le trentième but de la soirée. Castagnino donne à son tour l'avantage à Nîmes. Un but qui sauve (provisoirement) Lille et Tours des barrages.

Hervé Laurent s'excuse presque d'intervenir encore pour un sixième but de Nancy.

Et Tours pour un troisième but stéphanois. Et Bordeaux pour un penalty de Lacombe. Et Lyon, par téléphone, pour des buts de Sab et de Szarmach qui font danser Auxerre. Et Tours encore pour un remarquable tir de Dehon.

Il est maintenant 22 h 10. Pierre Loctin prévient : « Messieurs nous allons maintenant nous retrouver sur les ondes longues. Un peu de musique auparavant. »

Pendant que s'égrènent quelques notes de jazz, un technicien avertit Pierre Loctin qu'il prendra l'antenne dans le journal qui a débuté à 22 heures, juste après les courses.

C'est reparti en grandes ondes pour un ultime tour de France.

Terminé à Sochaux. Nantes l'emporte 4-2 après un dernier but d'Oscar Muller.

Terminé à Tours. Facile victoire de Saint-Etienne 3-1.

Terminé à Nancy avec le carton de la soirée, 7-1.

Penalty à Lens. Baratelli l'arrête. Paris SG victorieux 3-2.

Cinquième but à Furiani.

Victoires encore de Lyon et Nice, nuls à Bordeaux et Angers.

Enfin ultime intervention à Nîmes pour une incroyable égalisation de Laval.

Le temps des conclusions pour Pierre Loctin : rien de changé pour Saint-Etienne et Nantes. Le suspense durera encore quelques jours. En bas de classement, Nîmes et Angers sont condamnés mais quatre équipes peuvent encore être barragistes : Lille, Tours, Nice et Laval.

Les derniers mots du meneur de jeu : « Merci à tous, nous avons été très bien avec vous ce soir. Et nous le serons encore dans les minutes qui suivent avec Jean-Loup Foulquier et Adèle. Il y a maintenant de la chanson dans l'air, de la très bonne chanson. »

Et voilà, l'émission est terminée. Dans des dizaines de foyers on tourne le bouton. Pour Pierre Loctin la soirée n'est pas finie. Il doit encore demander à la cellule d'enregistrement de garder les lignes de Tours et de Sochaux d'où les envoyés spéciaux expédieront dans quelques minutes des interviews. Il faudra les monter, c'est-à-dire les rendre utilisables, pour que le journaliste qui vient à 4 heures du matin (pauvre Jacques Vendroux !) les diffuse dans les différents journaux parlés. Il reste encore le flash de 23 heures et celui de minuit où Pierre Loctin va revenir sur la soirée.

Ensuite, il s'agira de penser à l'émission de mardi prochain. Pierre Loctin sera aux commandes. Jacques Vendroux, l'enfant terrible du service, à Saint-Etienne et Fabrice Balledent à Nantes. On ne sait pas à ce moment lequel des deux assurera le reportage en direct du sacre du nouveau champion.

Mais Vendroux a toujours été un petit malin...

JEAN VINCENT AUX MICROS
Des mots

C'EST ARRIVÉ DEMAIN

Les anciens se souviennent de ce célèbre film de René Clair où le héros trouve tous les jours devant sa porte le journal du lendemain et a ainsi l'avantage (mais en est-ce un ?) de connaître l'avenir. C'est un peu la même histoire qui est arrivée à une dizaine de privilégiés, dont j'étais, deux heures avant la finale de la Coupe de France. Entre 18 et 19 heures, le samedi 13 juin, nous avons été une dizaine à savoir que Saint-Etienne ne réussirait pas le doublé et que la Coupe partirait pour l'île de Beauté dans les mains des Bastiais.

Tout a commencé dans l'après-midi. Les petits gosses qui allaient enchanter le Parc par une merveilleuse finale de football à sept en étaient encore à trépigner devant la porte de leurs vestiaires que Pierre Gadoffre, le gardien du Parc, voyait venir à lui deux émissaires du SEC Bastia. Leur mission était simple : ils voulaient choisir le vestiaire des leurs et étaient bien décidés à convaincre ce bon Pierrot de leur donner celui qui avait abrité notamment l'AS Béziers et Liverpool, les deux derniers grands vainqueurs de la saison.

C'est vrai que quelques jours plus tôt le Parc s'était déjà offert une somptueuse finale, la Coupe d'Europe des Clubs champions. L'affiche du moins était somptueuse avec face à face, la plus belle rose d'Angleterre, Liverpool, et le plus fougueux des taureaux espagnols, le Real Madrid. Mais le football propose, et l'enjeu dispose. Crispées, préoccupées surtout par la peur d'encaisser un but, les deux formations n'avaient présenté qu'un bien pauvre spectacle. Avec dans les dernières minutes une invraisemblable « toile » d'un défenseur espagnol qui avait offert la victoire aux « Reds ». Et les « Reds » l'avaient fêté à l'anglaise dans leur vestiaire. Celui réservé habituellement à Paris Saint-Germain ou à l'équipe de France. Celui aussi qui avait accueilli Saint-Etienne à chacune de ses dernières victoires en Coupe de France, dans le nouveau Parc. Les Corses savaient tout cela et comme la superstition rôde souvent dans le monde du football, leurs émissaires n'étaient pas disposés à céder. D'autant plus, qu'ils se souvenaient aussi fort bien que lorsque Marseille les avait battus en finale, c'était encore dans ce même et éternel vestiaire qu'avaient été logés les Skoblar et autres Magnusson.

Le brave gardien du Parc était bien embêté. Pourquoi donner à l'un ce que réclamerait peut-être l'autre. Les discussions furent longues, les pressions multiples, mais Pierrot ne cédait pas. Prudent, pourtant, il demanda l'arbitrage du président de la Fédération, Fernand Sastre, qui décida qu'en cas de conflit le tirage au sort départagerait les deux équipes.

Mais déjà les Bastiais arrivaient, et sans hésitation se dirigeaient vers le vestiaire, objet de leurs convoitises. Pierrot tenta bien de négocier, de se mettre en travers, conseillant d'attendre l'arrivée des Stéphanois. Mais les Corses avaient à leur tête un redoutable corsaire du nom de Milla qui arrachait tout sur son passage et en trois secondes la place était prise. Cet intermède avait montré la détermination des Bastiais. Ils m'avaient presque effrayé lorsqu'ils étaient descendus de leur car. Les yeux fixes, le visage blême, les mâchoires serrées, ils étaient comme devaient être les gladiateurs qui entraient dans l'arène. A

MARCIALIS EFFACE JANVION SOUS LE REGARD (PRESQUE) ADMIRATIF DE PLATINI
Le talent n'attend pas le nombre des années

part Lacuesta, dont la décontraction ne se dément jamais, tous restaient muets.

A ce moment nous nous sommes dit que les Stéphanois couraient de grands dangers face à ce commando sorti d'un maquis. Les Verts arrivèrent près de trois quarts d'heure plus tard, et c'est alors que les petits privilégiés que nous étions eurent la révélation du résultat de la finale. Les Corses avaient semblé bondir vers le Parc, les Stéphanois arrivaient en traînant les pieds. Sans doute étaient-ils concentrés, sans doute étaient-ils aussi conscients de l'importance de l'événement, mais ils donnaient l'impression d'une troupe de théâtre usée par une longue tournée et qui donne sa dernière représentation. Lopez, capitaine courageux, était à leur tête mais les autres traînaient loin derrière, et Platini, pantalon de survêtement relevé jusqu'aux genoux, avait des allures de pêcheur de crevettes. On s'arrêtait pour dire bonjour à l'un, saluer l'autre, embrasser Lacuesta qui traînait par là, donner une adresse de vacances. Difficile de se dire que l'on voyait les futurs vainqueurs. Et lorsque le maire de Saint-Etienne quelques heures plus tard aura cette formule : « Saint-Etienne jouait un match de championnat, Bastia une finale de Coupe », il traduira avec beaucoup de justesse la différence de comportement des deux équipes, aussi bien sur le terrain qu'avant.

On n'en était pas encore là quand à 19 h 55 les deux équipes, les deux dernières à avoir joué une finale de Coupe d'Europe, étaient présentées à un spectateur pas comme les autres, François Mitterrand, président de la

République depuis peu. Les Bleus de Corse par leur capitaine, Paul Marchioni. Les Verts du Forez par leur président, Roger Rocher.

Une mi-temps plus tard, aucun but n'avait été marqué. Et pourtant c'était bien un peu la fête au Parc. Certes, les Stéphanois étaient économes de leurs efforts, affichaient une prudence anormale pour des champions de France, mais l'ambiance était celle d'une grande finale. Avec pétards, crécelles, trompettes, fusées et surtout un enthousiasme de tous les instants dans l'équipe corse. Félix Lacuesta était maître de la défense, Fiard et Desvignes interdisaient toute initiative à Michel Platini, et devant Roger Milla, le Camerounais que l'on verra peut-être à la Coupe du Monde, en montrait de toutes les couleurs à Gardon d'abord, à Janvion ensuite, quand le stoppeur stéphanois dut sortir, touché à un genou. Cette blessure de Gardon était le symbole de ce qu'allait être la finale.

Sur un ballon qui traînait, le petit, tout petit Fiard, avait frappé de toutes ses forces, avec encore plus que l'envie qu'il avait en lui d'enlever la Coupe, En voulant s'opposer au tir Gardon, celui-là même qui avait muselé le géant Hrubesch, s'était donné une entorse au genou.

L'envie de gagner était présente aussi dans ce tir de Cazes qui percutait la transversale, dans cette tête de Milla qui obligeait Castaneda à se détendre, dans ces hurlements de Hiard, exhortant les siens à aller de l'avant.

A la mi-temps donc, on en était à 0-0 quand, dans l'un des salons privés du Parc des Princes, M. Mitterrand, répondant à une allocution de Fernand Sastre, insista sur l'importance du football dans notre société. J'espérais qu'il

MILLA DANS UN TOUR DE PASSE-PASSE ENTRE SANTINI ET LOPEZ
En battant les Verts, c'est encore plus beau

ajouterait quelques mots sur le spectacle qu'il venait de voir, mais les « gorilles » montaient bonne garde et il me fut impossible de lui arracher la moindre parole. Qu'importe, j'attendrais mon heure, comme les Bastiais attendaient la leur.

Je restai donc dans la tribune d'honneur, un œil sur le terrain, un autre sur le président, curieux de voir comment la plus haute autorité de l'Etat réagirait au plus haut sommet du football. Il était calme, un peu distant, mais son flegme n'allait pas durer. Et comment aurait-il pu rester indifférent devant cette superbe percée de Marcialis conclue par un tir croisé qui pétrifia Castaneda, devant cet amas de joueurs corses criant leur joie ? Le président de la République eut d'abord un sourire amusé, et ensuite, plus technique, mima de la main, avec des gestes admiratifs, le slalom du jeune Bastiais.

A ce moment Saint-Etienne le grand, Saint-Etienne le superbe était à la dérive. Submergés par la fraîcheur de leurs adversaires, les Verts ne donnaient pas l'impression de pouvoir relever la tête.

Et ce fut presque sans surprise que Bastia ajouta un second but. Mais quel but ! Longue ouverture d'Orlanducci, contrôle en pleine course de Milla, accélération du Camerounais, dribble devant Castaneda, feinte de frappe et blocage devant Janvion qui revenait et petit coup de patte presque dédaigneux dans les buts vides. Artiste, virtuose, génie, bourreau, tout à la fois. Cette fois le président Mitterrand éclata de rire devant la course échevelée et les bonds de joie de Milla, et quelques secondes plus tard, il adressait au maire de Bastia un clin d'œil malicieux qui était comme un communiqué de victoire.

Pour François Mitterrand, bon pronostiqueur ces derniers mois, l'affaire était entendue. Elle l'était en effet mais pas aussi aisément que les quinze mille supporters corses l'espéraient. Le champion enfin eut une réaction d'orgueil. Roussey puis Elie échouèrent d'un rien face à Hiard. Zimako ensuite, le faux frère, s'enfonça dans la défense et une meute de Bastiais le jeta à terre. Même si le ballon avait aussi été touché dans l'intervention, c'était le penalty et M. Konrath n'hésita pas. « Les Corses ont bien discuté un peu, sur le coup, par principe, me raconta-t-il un peu plus tard, mais en restant toujours mesurés. Je n'avais pas eu la moindre hésitation et il n'y avait aucune raison que les Corses me gâchent ma finale pour ce coup de sifflet. Ils ne l'ont d'ailleurs pas fait et, à l'issue de la rencontre, j'ai eu la satisfaction de voir les deux capitaines me serrer la main et me remercier. Lopez ajoutant même qu'ils n'avaient à s'en prendre qu'à eux-mêmes. Moi aussi, j'avais gagné ma finale, et je pouvais téléphoner à ma femme qui, dans les heures précédant le match, s'était montrée beaucoup plus inquiète que moi. »

Hiard n'ayant pu qu'effleurer le tir de Santini, les Stéphanois étaient donc revenus à 2-1, mais il aurait fallu être le diable pour arracher la Coupe à Bastia. Et les Verts étaient loin d'avoir des allures de démons, usés par leur longue saison, minés peut-être aussi par d'autres raisons. C'était en tout cas l'avis d'un homme assez bien placé, Jean-Michel Larqué, qui n'hésitait pas à écrire dans un numéro spécial de son journal *Onze* : « Sont-ce des raisons extra-sportives et une ambiance tendue entre Roger Rocher et Robert Herbin qui ont pesé et nui à la préparation de l'équipe. Car comment ne pas évoquer ce grave différend qui s'est installé entre le président et l'entraîneur stéphanois ? Dans un club où, durant longtemps, par l'intermédiaire d'une équipe soudée, on a prôné l'esprit de solidarité, ce divorce à la stéphanoise entre les deux têtes pensantes du club ne peut déboucher sur rien de positif s'il n'est pas résolu au plus tôt. »

PENALTY DE SANTINI. HIARD EFFLEURE LE BALLON
Saint-Etienne réveillé

Si certains se moquaient bien des querelles intestines stéphanoises, c'étaient les Bastiais. A l'ultime coup de sifflet de M. Konrath, ce fut la plus grande explosion de joie. Je ne sais quelle image restera le plus longtemps gravée dans les mémoires : Hiard à genoux derrière ses buts, Milla hurlant en brandissant le ballon du match, Lacuesta serrant la main d'Herbin cloué sur son banc de touche, Fiard, Orlanducci et Desvignes s'étreignant, des nuées d'enfants pénétrant sur la pelouse...

La Corse avait annexé le Parc des Princes. Partout on chantait, on riait et il aurait été dommage de se priver d'une pareille fête. Pour un peu, Marchioni en aurait oublié de monter jusqu'à la tribune chercher la Coupe, la vraie, celle qui serait exposée dans la vitrine à Bastia. Celle qui effectua le plus fou des tours d'honneur au milieu d'une foule qui faillit bien étouffer Hiard.

Enfin rentrés dans leurs vestiaires (allez leur faire dire qu'ils n'avaient pas réussi le bon choix !), les Corses mirent plus de deux heures à en ressortir. Et la nuit était tombée depuis longtemps quand, devant la grille du Parc, j'eus la chance de retrouver Pierrick Hiard. Avant le match, il m'avait à peine adressé un sourire tant il pensait à sa finale. Là, la tension était tombée, il ne restait que l'émotion.

« Tu te souviens quand tu m'avais vu sur mon lit, à l'hôpital. Je n'étais pas beau », commença-t-il par me dire, évoquant cette terrible blessure, subie au Parc, qui l'avait laissé plusieurs jours à l'hôpital, la mâchoire fracassée, justement dans un match de Coupe de France. « Tu vois, aujourd'hui, on a gagné. Toi, tu dois savoir pourquoi je suis si heureux... » Et Hiard se mit à pleurer.

C'était pour moi la plus belle image de cette journée.

LE TEMPS DES OSCARS

Nous voilà maintenant arrivés au terme du voyage. A l'heure des bilans. De la distribution des prix. Un peu comme lors des cérémonies de fin d'année nous appelons sur le podium toutes les équipes de première division. Celles qui repartiront chargées de lauriers, celles qui mériteraient des bonnets d'âne si elles ne devaient pas déjà susciter toute notre admiration pour être arrivées à ce niveau là.

17/20 : Saint-Etienne

Lorsque l'on regarde les chiffres, la saison des Verts a été fantastique. Quatre défaites seulement en championnat, huit sur cinquante-cinq matches officiels, le titre de champion, la coupe manquée d'un souffle en finale. Ajoutez-y le plus grand exploit de la saison, la victoire 5-0 à Hambourg et vous avez de quoi faire dresser sur son siège toute la France profonde.

Et pourtant il reste un petit goût amer lorsqu'arrive le mois de juin. A cause de quelques déceptions à domicile (Tours, Paris SG, Nîmes), d'un cinglant échec européen (Ipswich), mais aussi parce que la belle famille verte a trahi quelques dissensions en son sein. On n'a pas retrouvé son enthousiasme et sa générosité d'autrefois. Mais si elle était parfaite, que resterait-il aux autres ?

15,5/20 : Nantes

Si l'on s'en tient au palmarès, les Nantais ont tout manqué. Ils ont perdu leur titre, ont été humiliés par Bordeaux en Coupe de France, ont disparu très vite de la Coupe d'Europe face à l'Inter de Milan. Pourtant la saison n'a pas été si sombre et jusqu'au dernier jour les coéquipiers d'Henri Michel pouvaient encore être champions.

Ils ont payé un dribble manqué d'Oscar Muller, quelques erreurs de direction, la fatigue d'une longue saison et surtout une incroyable suite de blessures qui les obligea à lancer dans l'arène une troupe de petits nouveaux. Malgré le départ de Pécout l'avenir reste rose quand on a dans ses rangs des Poullain, Adonkor, Touré, Picot, Furic, Morice, Besnier, Ayache.

15/20 : Bastia et Sochaux

Les Corses terminent à la douzième place du championnat, les Francs-Comtois à la quatorzième, mais comment ne pas les appeler tout de suite pour cette distribution des prix quand on se souvient des émotions qu'ils nous ont procurées ? Bastia d'abord peinant en championnat puis se trouvant une nouvelle jeunesse en Coupe de France. Irrésistibles les Corses devaient l'être encore en finale à l'image de Hiard (Hidalgo l'a à l'œil), de Milla ou de Marcialis qui culbutèrent Saint-Etienne en beauté pendant 90 minutes de jeu.

Sochaux paraissait promis à l'indifférence dans la grande aventure européenne et de Genève à Porto, de Francfort à Zurich les nouveaux Jaunes ont démontré des qualités de courage et de détermination qu'on ne leur soupçonnait pas. La télévision a fixé pour longtemps les coups francs de Genghini, l'aisance d'Anziani ou les grimaces de Patrick Revelli, demi-finalistes européens comme Nantes la saison précédente.

14.5/20 : Bordeaux et Monaco

Les Monégasques avaient à « digérer » le départ d'Onnis et l'élimination dès leur entrée européenne face à Valence. Ce fut fait plus ou moins facilement mais sans tourner le dos à la

TRESOR ET PLATINI EN ARRÊT DEVANT DELACHET
Synchronismes

qualité de jeu qui a toujours été essentielle à Monaco. S'il en fallait une preuve on la trouverait dans les matches à l'extérieur où les Christophe et autres Barberis ont marqué au moins un but lors de treize des dix-neuf rencontres. Et pour cette saison ils se sont adjoint les services d'Edstroem et de Pécout !

Les Girondins avaient encore consenti des efforts de recrutement particulièrement importants et enfin ils touchent une première récompense, une qualification pour une Coupe d'Europe. Les Bordelais ont même, l'espace de quelques semaines, envisagé mieux qu'une troisième place mais il a manqué encore un soupçon d'homogénéité à cette mosaïque de vedettes engagées par le président Bez. Un président qui a continué dans la voie des gros transferts cette année, sans doute, et malheureusement, plus facile que celle de la formation des jeunes.

14/20 : Paris S-G

Enfin ! Enfin ! Enfin Paris S-G est devenu un club comme un autre. Pas la moindre crise. Pas d' « affaire ». Pas de coup de gueule. Une gestion et une saison sérieuses.

Francis Borelli s'est assagi mais il faut y voir aussi la « patte » de Georges Peyroche. Longtemps considéré comme un espoir de la profession d'entraîneur, Peyroche a confirmé toutes les promesses. Le football souvent flamboyant des attaquants, c'est un peu lui. Le renouveau de Rocheteau avant centre c'est un peu lui. La réussite de Fernandez, milieu de terrain, c'est un peu lui. Jamais encore le club parisien n'avait terminé à une aussi belle place, la cinquième. Il n'a manqué que la qualification à une Coupe d'Europe pour que le bonheur des Parisiens soit complet.

13/20 : Lyon et Strasbourg

Les Lyonnais, avec un milieu de terrain royal Tigana, Moizan, Chiesa, un nouvel avant-centre Nikolic avaient pris un départ fantastique mais ils n'ont pas tenu la distance en raison d'une certaine fragilité de la défense et du contrecoup psychologique de l'élimination prématurée devant Martigues en Coupe de France.

C'est, au contraire, la Coupe de France qui a sauvé la saison de Strasbourg. Les Alsaciens ont longtemps piétiné en championnat, tardant à oublier les vieilles querelles, mais la Coupe les a réveillés et aujourd'hui encore ils doivent se demander comment ils ont perdu leur place en finale, à trois minutes de la fin de leur affrontement avec les Stéphanois.

12/20 : Nancy

Quelle fin de saison ! Pour avoir multiplié les erreurs tactiques, pour avoir trop tardé à renforcer leur milieu de terrain, les Lorrains ont gâché les deux tiers de leur année. Pourtant avec Delamontagne et Rouyer ils détenaient de quoi faire un mélange explosif.

MUSTAPHA DAHLEB, MENEUR DE JEU DU PARIS SAINT-GERMAIN
Enorme talent

11,5/20 : Auxerre

Dans les pronostics de début de saison, les Bourguignons figuraient parmi les candidats à la descente. Non seulement ils terminent au milieu du tableau, non seulement leur jeu s'est souvent distingué par beaucoup d'équilibre, mais encore ils ont réussi l'un des coups de tonnerre de la saison en allant, par Rémy, mettre fin à la longue invincibilité de Nantes sur ses terres.

11/20 : Valenciennes

Il n'est possible à personne de dédaigner les Nordistes. On leur a trop vite donné la réputation de « smicards » de la première division. D'abord le SMIC a monté et leur standing aussi. Ils font trembler tous les « grands » et leur pépinière de jeunes talents mérite bien quelques bravos.

10,5/20 : Metz

Seize matches nuls sur trente-huit matches, c'est dire que la formation messine a singulièrement manqué d'éclat. L'ensemble est resté bien morne, comme sans ambition, et peut remercier son gardien Desrousseaux de lui avoir assuré une place dans la première moitié.

10/20 : Lens

Le public du stade Bollaert n'a pas reconnu les siens. Six victoires seulement sur leurs terres nordistes et bien des espoirs déçus. Les Lensois n'ont même pas retrouvé leur enthousiasme et leur générosité habituels pour une demi-finale de Coupe de France qui était comme un cadeau de Noël.

Attention, une telle pente se descend très vite.

9/20 : Nice, Laval, Lille, Tours

A quelques minutes de la fin du championnat, ces quatre équipes pouvaient encore être barragistes et descendre en seconde division. La preuve d'une saison ratée.

Nice a l'excuse d'un nombre impressionnant de blessés dont le talentueux Bjekovic qui aurait évité à lui seul pareille frayeur au club azuréen.

Laval, c'est un peu l'artisan de la division I. On bricole, on rafistole, on s'accroche et on est toujours là.

Lille s'est désagrégé au fil de la saison alors que rien ne le laissait prévoir. José Arribas y est certainement moins à l'aise qu'au pays nantais, mais quelques joueurs ne doivent pas avoir la conscience bien tranquille.

Tours enfin n'a cessé d'alterner le meilleur et le pire. Huit défaites à domicile mais des victoires à Saint-Etienne et Lyon. C'était souvent un vent de fraîcheur mais parfois des fautes de débutants. 71 buts encaissés, c'est trop, quatre succès à domicile c'est pas assez. Il n'est pas bien non plus d'annoncer le départ de l'entraîneur avant la fin du championnat. Surtout lorsqu'on va devoir jouer (et gagner) des barrages difficiles. Tout s'apprend.

7/20 : Nîmes et Angers

Difficile d'avoir le courage de les dissocier dans le malheur. Angers pas une victoire à l'extérieur. Nîmes un succès à... Angers. Et pourtant beaucoup d'efforts pour rester dans la tradition. De la générosité à Nîmes, du beau jeu à Angers. Il manquait un ou deux chefs de file, un peu de confiance en soi et des spectateurs. La seconde division va peut être leur permettre de se refaire une santé.

PLEIMELDING SOUS LE MAILLOT DE LILLE
Sa dernière saison

CALENDRIER DU CHAMPIONNAT 1981-1982

Paru dans le « *Journal du Dimanche* »

Première journée

	Aller 24-7-81	Retour 14-5-82
STRASBOURG-MONACO		
NICE-VALENCIENNES		
LYON-NANCY		
BORDEAUX-NANTES		
MONTPELLIER-AUXERRE		
LILLE-BREST		
BASTIA-LENS		
TOURS-PARIS S.-G.		
LAVAL-SOCHAUX		
METZ-ST-ETIENNE		

Deuxième journée

	Aller 28-7-81	Retour 29-11-81
NICE-BORDEAUX		
ST-ETIENNE-MONACO		
SOCHAUX-METZ		
PARIS S.-G.-LAVAL		
LENS-STRASBOURG		
BREST-TOURS		
AUXERRE-LILLE		
NANTES-BASTIA		
NANCY-MONTPELLIER		
VALENCIENNES-LYON		

Troisième journée

	Aller 4-8-81	Retour 13-12-81
MONACO-SOCHAUX		
LYON-NICE		
BORDEAUX-VALENCIENNES		
MONTPELLIER-NANTES		
LILLE-NANCY		
BASTIA-BREST		
TOURS-LENS		
LAVAL-AUXERRE		
METZ-PARIS S.-G.		
STRASBOURG-ST-ETIENNE		

Quatrième journée

	Aller 7-8-81	Retour 20-12-81
NICE-MONTPELLIER		
LYON-TOURS		
SOCHAUX-ST-ETIENNE		
PARIS S.-G.-MONACO		
LENS-METZ		
BREST-LAVAL		
AUXERRE-BASTIA		
NANTES-STRASBOURG		
NANCY-BORDEAUX		
VALENCIENNES-LILLE		

Cinquième journée

	Aller 11-8-81	Retour 17-1-82
MONACO-AUXERRE		
ST-ETIENNE-PARIS S.-G.		
BORDEAUX-LYON		
MONTPELLIER-VALENCIENNES		
LILLE-NICE		
BASTIA-NANCY		
TOURS-NANTES		
LAVAL-LENS		
METZ-BREST		
STRASBOURG-SOCHAUX		

Sixième journée

	Aller 21-8-81	Retour 24-1-82
NICE-LAVAL		
LYON-MONTPELLIER		
BORDEAUX-STRASBOURG		
PARIS S.-G.-SOCHAUX		
LENS-ST-ETIENNE		
BREST-MONACO		
AUXERRE-METZ		
NANTES-LILLE		
NANCY-TOURS		
VALENCIENNES-BASTIA		

Septième journée

	Aller 28-8-81	Retour 31-1-82
MONACO-LENS		
ST-ETIENNE-AUXERRE		
SOCHAUX-BREST		
MONTPELLIER-BORDEAUX		
LILLE-LYON		
BASTIA-NICE		
TOURS-VALENCIENNES		
LAVAL-NANCY		
METZ-NANTES		
STRASBOURG-PARIS-S.-G.		

Huitième journée

	Aller 1-9-81	Retour 7-2-82
NICE-TOURS		
LYON-BASTIA		
BORDEAUX-LILLE		
MONTPELLIER-METZ		
LENS-PARIS-S.-G.		
BREST-ST-ETIENNE		
AUXERRE-STRASBOURG		
NANTES-MONACO		
NANCY-SOCHAUX		
VALENCIENNES-LAVAL		

Neuvième journée

	Aller 12-9-81	Retour 20-2-82
MONACO-NICE		
ST-ETIENNE-LYON		
SOCHAUX-LENS		
PARIS S.-G.-BREST		
LILLE-MONTPELLIER		
BASTIA-BORDEAUX		
TOURS-AUXERRE		
LAVAL-NANTES		
METZ-NANCY		
STRASBOURG-VALENCIENNES		

Dixième journée

	Aller 22-9-81	Retour 28-2-82
NICE-METZ		
LYON-LAVAL		
BORDEAUX-TOURS		
MONTPELLIER-BASTIA		
LILLE-ST-ETIENNE		
BREST-LENS		
AUXERRE-PARIS S.-G.		
NANTES-SOCHAUX		
NANCY-STRASBOURG		
VALENCIENNES-MONACO		

Onzième journée

	Aller 25-9-81	Retour 13-3-82
MONACO-NANCY		
ST-ETIENNE-NANTES		
SOCHAUX-NICE		
PARIS S.-G.-LYON		
LENS-AUXERRE		
BASTIA-LILLE		
TOURS-MONTPELLIER		
LAVAL-BORDEAUX		
METZ-VALENCIENNES		
STRASBOURG-BREST		

Douzième journée

	Aller 3-10-81	Retour 20-3-82
NICE-ST-ETIENNE		
LYON-MONACO		
BORDEAUX-METZ		
MONTPELLIER-LAVAL		
LILLE-TOURS		
BASTIA-STRASBOURG		
AUXERRE-BREST		
NANTES-LENS		
NANCY-PARIS S.-G.		
VALENCIENNES-SOCHAUX		

Treizième journée

	Aller 6-10-81	Retour 27-3-82
MONACO-BORDEAUX		
ST-ETIENNE-NANCY		
SOCHAUX-AUXERRE		
PARIS S.-G.-VALENCIENNES		
LENS-NICE		
BREST-NANTES		
TOURS-BASTIA		
LAVAL-LILLE		
METZ-LYON		
STRASBOURG-MONTPELLIER		

Quatorzième journée

	Aller 17-10-81	Retour 30-3-82
NICE-PARIS S.-G.		
LYON-SOCHAUX		
BORDEAUX-ST-ETIENNE		
MONTPELLIER-MONACO		
LILLE-STRASBOURG		
BASTIA-LAVAL		
TOURS-METZ		
NANTES-AUXERRE		
NANCY-BREST		
VALENCIENNES-LENS		

Quinzième journée

	Aller 27-10-81	Retour 9-4-82
MONACO-LILLE		
ST-ETIENNE-MONTPELLIER		
SOCHAUX-BORDEAUX		
PARIS S.-G.-NANTES		
LENS-NANCY		
BREST-VALENCIENNES		
AUXERRE-NICE		
LAVAL-TOURS		
METZ-BASTIA		
STRASBOURG-LYON		

Seizième journée

	Aller 30-10-81	Retour 16-4-82
NICE-BREST		
LYON-LENS		
BORDEAUX-PARIS S.-G.		
MONTPELLIER-SOCHAUX		
LILLE-METZ		
BASTIA-MONACO		
TOURS-STRASBOURG		
LAVAL-ST-ETIENNE		
NANCY-NANTES		
VALENCIENNES-AUXERRE		

Dix-septième journée

	Aller 7-11-81	Retour 20-4-82
MONACO-TOURS		
ST-ETIENNE-BASTIA		
SOCHAUX-LILLE		
PARIS S.-G.-MONTPELLIER		
LENS-BORDEAUX		
BREST-LYON		
AUXERRE-NANCY		
NANTES-VALENCIENNES		
METZ-LAVAL		
STRASBOURG-NICE		

Dix-huitième journée

	Aller 10-11-81	Retour 23-4-82
NICE-NANTES		
LYON-AUXERRE		
BORDEAUX-BREST		
MONTPELLIER-LENS		
LILLE-PARIS S.-G.		
BASTIA-SOCHAUX		
TOURS-ST-ETIENNE		
LAVAL-MONACO		
METZ-STRASBOURG		
VALENCIENNES-NANCY		

Dix-neuvième journée

	Aller 21-11-81	Retour 4-5-82
MONACO-METZ		
ST-ETIENNE-VALENCIENNES		
SOCHAUX-TOURS		
PARIS S.-G.-BASTIA		
LENS-LILLE		
BREST-MONTPELLIER		
AUXERRE-BORDEAUX		
NANTES-LYON		
NANCY-NICE		
STRASBOURG-LAVAL		

TOUS LES RÉSULTATS

CHAMPIONNAT DE FRANCE DE PREMIÈRE DIVISION

	Pts	J.	G.	N.	P.	p.	c.	Diff.
1. SAINT-ÉTIENNE	57	38	23	11	4	68	26	+ 42
2. Nantes	55	38	22	11	5	74	36	+ 38
3. Bordeaux	49	38	18	13	7	57	34	+ 23
4. Monaco	49	38	19	11	8	58	41	+ 17
5. Paris S.G.	46	38	17	12	9	62	50	+ 12
6. Lyon	41	38	14	13	11	70	54	+ 16
7. Strasbourg	40	38	14	12	12	44	47	— 3
8. Nancy	37	38	15	7	16	55	49	+ 6
9. Metz	36	38	10	16	12	48	53	— 5
10. Auxerre	36	38	10	16	12	46	52	— 6
11. Valenciennes	36	38	12	12	14	51	70	—19
12. Bastia	35	38	13	9	16	50	55	— 5
13. Lens	34	38	10	14	14	46	48	— 2
14. Sochaux	34	38	10	14	14	51	59	— 8
15. Nice	32	38	10	12	16	47	61	—14
16. Laval	31	38	10	11	17	49	55	— 6
17. Lille	31	38	10	11	17	55	71	—16
18. Tours	31	38	9	13	16	54	71	—17
19. Nîmes	26	38	6	14	18	46	66	—20
20. Angers	24	38	5	14	19	33	66	—33

Sont relégués en seconde division : Nîmes et Angers.

Championnat de France de Deuxième Division

GROUPE A

	Pts	J.	G.	N.	P.	p.	c.	Diff.
1. MONTPELLIER	50	34	21	8	5	54	17	+ 37
2. Toulouse	47	34	20	7	7	66	30	+ 36
3. Besançon	47	34	20	7	7	57	24	+ 33
4. Béziers	43	34	18	7	9	50	34	+ 16
5. Angoulême	42	34	16	10	8	46	24	+ 22
6. Marseille	39	34	16	7	11	40	33	+ 17
7. Thonon	37	34	14	9	11	40	39	+ 1
8. Gueugnon	36	34	14	8	12	42	32	+ 10
9. Cannes	35	34	13	9	12	42	36	+ 6
10. Martigues	33	34	13	7	14	42	44	— 2
11. Saint-Dié	29	34	10	9	15	31	42	—11
12. Grenoble	28	34	11	6	17	33	52	—19
13. Ajaccio	28	34	6	16	12	23	41	—18
14. Libourne	27	34	8	11	15	32	49	—17
15. Montluçon	25	34	10	5	19	29	53	—24
16. Tavaux	24	34	6	12	16	31	49	—18
17. Avignon	21	34	7	7	20	37	66	—29
18. Corbeil	21	34	6	9	19	31	62	—31

Accède à la première division : Montpellier
Relégués en troisième division : Tavaux, Avignon, Corbeil

GROUPE B

	Pts	J.	G.	N.	P.	p.	c.	Diff.
1. BREST	49	34	20	9	5	59	25	+ 34
2. Nœux	44	34	18	8	8	48	28	+ 20
3. Rouen	42	34	16	10	8	43	31	+ 12
4. Rennes	40	34	16	8	10	41	30	+ 11
5. Châteauroux	40	34	15	10	9	50	44	+ 6
6. Thionville	37	34	13	11	10	44	37	+ 7
7. Guingamp	35	34	12	11	11	38	35	+ 3
8. Le Havre	35	34	13	9	12	32	33	— 1
9. Orléans	33	34	13	7	14	45	43	+ 2
10. Reims	32	34	13	6	15	55	56	— 1
11. Abbeville	31	34	9	13	12	44	48	— 4
12. Blois	30	34	9	12	13	34	45	—11
13. Quimper	30	34	10	10	14	27	39	—12
14. Limoges	29	34	11	7	16	32	48	—16
15. Paris F.C.	28	34	9	10	15	36	34	+ 2
16. Dunkerque	28	34	10	8	16	34	42	— 8
17. Montmorillon	27	34	9	9	16	38	49	—11
18. Caen	22	34	6	10	18	25	58	—33

Accède à la première division : Brest
Relégués en troisième division : Dunkerque, Montmorillon, Caen

LES BUTEURS

24 buts : Onnis (Tours).

23 buts : Krause (Laval).

21 buts : Nikolic (Lyon).

20 buts : Platini (St-Étienne).

18 buts : B. Lacombe (Bordeaux), V. Trossero (Monaco).

16 buts : Szarmach (Auxerre), Zénier (Nancy), Rocheteau (Paris S.G.).

14 buts : Peretz (Strasbourg), Gemmrich (Bordeaux), Rouyer (Nancy), Rep (St-Etienne).

13 buts : Genghini (Sochaux), Pleimelding (Lille).

12 buts : Marcialis (Bastia), Krimau (Lille), Piette (Metz), Roussey (St-Etienne).

11 buts : Baronchelli (Nantes), Bousdira (Angers), Piasecki (Strasbourg).

10 buts : Toko et Boubacar (Paris S.G.), Petit (Monaco), Raspollini (Metz), Rubio (Nancy), Nogues (Nice), Ferrigno (Tours).

9 buts : Chiesa et Maroc (Lyon), Milla (Bastia), Françoise (Lens).

8 buts : Xuereb (Lyon), Ivezic (Sochaux), Rémy (Auxerre), Marguerite (Nîmes), Pécout et Touré (Nantes), Bernardet (Valenciennes), Ehrlacher (Lens).

7 buts : Larvaron (Angers), Berdoll (Angers), Papi (Bastia), Decastel (Strasbourg), Diallo (Laval), Rio, Agerbeck et Muller (Nantes), Moizan et Tigana (Lyon), Schaer (Auxerre), Soler (Bordeaux), Luizinho (Nîmes), Lacombe (Lens), Ferratge (Nîmes), Stopyra (Sochaux), P. Zaremba (Valenciennes).

6 buts : Riedl (Metz), Vésir (Valenciennes), E. Trossero (Nantes), Barberis (Monaco), Delamontagne (Nancy), Giresse (Bordeaux), Hinschberger (Metz), Dahleb (Paris S.G.), Rampillon (Nantes), Cabral (Lille), Domergue (Lille), Buscher (Nice), Dehon (Tours), Schaer (Strasbourg), Olarevic (Lille).

5 buts : Bjekovic (Nice), Ricort (Monaco), Sagna (Laval), Augustin (Tours), Zimako et Larios (St-Etienne), Revelli (Sochaux), Castellani (Nice), Henry (Bastia), Van Straelen (Bordeaux), Joly (Lens), Ihily (Bastia), M'Pelé (Lens), Wiss (Metz), Gamouh (Nîmes), Durkalic (Sochaux).

Barrages : Toulouse bat Nœux-les-Mines 0-2 et 5-0
Tours bat Toulouse 1-0 et 2-2

CLUB PAR CLUB

ANGERS

A domicile :
Bat : Laval (2-0), Nancy (2-0), Bastia (1-0), Lille (3-2), Auxerre (4-1).
Nul avec : Paris S.G. (1-1), Valenciennes (1-1), Metz (0-0), Monaco (1-1), St-Etienne (1-1), Tours (2-2), Nice (1-1), Strasbourg (0-0).
Battu par : Nantes (3-0), Lens (2-1), Nîmes (2-1), Bordeaux (3-0), Sochaux (2-1), Lyon (3-0).

A l'extérieur :
Nul avec : Auxerre (2-2), Tours (2-2), Nice (2-2), Valenciennes (0-0), Nîmes (0-0), Paris S.G. (2-2).
Battu par : Monaco (2-0), St-Etienne (5-0), Bordeaux (1-0), Sochaux (2-0), Lyon (5-1), Strasbourg (2-1), Metz (1-0), Laval (2-0), Nantes (3-1), Lens (1-0), Nancy (2-0), Bastia (3-0), Lille (4-0).

AUXERRE

A domicile :
Bat : Tours (3-2), Nice (3-1), Metz (4-2), Laval (1-0), Nîmes (4-2).
Nul avec : Angers (2-2), Monaco (0-0), Sochaux (1-1), Nantes (0-0), Lyon (2-2), Strasbourg (1-1), Lille (2-2), Valenciennes (1-1), Lens (1-1), Bastia (0-0).
Battu par : Paris S.G. (1-0), St-Etienne (2-0), Bordeaux (2-1), Nancy (2-0).

A l'extérieur :
Bat : Lille (3-2), Paris S.G. (3-2), Nantes (1-0), Tours (4-1), Lyon (3-1).
Nul avec : Metz (2-2), Laval (0-0), Lens (1-1), Nîmes (0-0), Sochaux (1-1), Nice (0-0).
Battu par : Bastia (2-0), Strasbourg (1-0), Valenciennes (2-0), Bordeaux (2-0), Nancy (3-0), Angers (4-1), St-Etienne (2-0), Monaco (2-1).

BASTIA

A domicile :
Bat : Auxerre (2-0), St-Etienne (2-1), Nancy (2-1), Lyon (2-0), Paris S.G. (2-0), Strasbourg (2-0), Metz (1-0), Lens (3-1), Nîmes (3-2), Bordeaux (3-2), Nice (3-0), Angers (3-0), Lille (5-1).
Nul avec : Monaco (1-1), Laval (2-2), Valenciennes (1-1), Sochaux (1-1).
Battu par : Nantes (2-1), Tours (1-0).

A l'extérieur :
Nul avec : Valenciennes (1-1), Bordeaux (0-0), Tours (2-2), Strasbourg (1-1), Auxerre (0-0).
Battu par : Metz (1-0), Sochaux (1-0), Lens (5-0), Nîmes (3-2), Nice (2-1), Angers (1-0), Lille (3-1), St-Etienne (3-0), Monaco (3-0), Nantes (2-1), Laval (3-0), Nancy (3-0), Lyon (2-1), Paris S.G. (3-1).

BORDEAUX

A domicile :
Bat : St-Etienne (3-0), Laval (2-1), Lens (5-1), Angers (1-0), Nancy (2-0), Strasbourg (2-1), Auxerre (2-0), Monaco (1-0), Nice (3-0), Lyon (3-2), Lille (2-0), Valenciennes (4-0).
Nul avec : Tours (1-1), Bastia (0-0), Nantes (0-0), Sochaux (0-0), Nîmes (1-1), Metz (1-1).
Battu par : Paris S.G. (3-1).

A l'extérieur :
Bat : Nîmes (2-0), Laval (4-2), Lens (1-0), Tours (1-0), Angers (3-0), Auxerre (2-1).
Nul avec : Sochaux (0-0), Nice (1-1), Lille (2-2), Valenciennes (2-2), Metz (1-1), Strasbourg (1-1), Monaco (0-0).
Battu par : Nantes (1-0), Lyon (1-0), Paris S.G. (4-0), Nancy (2-0), Bastia (3-2), St-Etienne (2-1).

LAVAL

A domicile :
Bat : Nantes (1-0), Lille (4-2), Strasbourg (3-1), Lens (3-0), Nîmes (4-0), Angers (2-0), Bastia (3-0), Valenciennes (2-1), Nantes (2-0), Tours (2-0).
Nul avec : Auxerre (0-0), Monaco (3-3), St-Etienne (0-0), Lyon (0-0), Paris S.G. (0-0), Metz (1-1), Sochaux (0-0).
Battu par : Nice (1-0), Bordeaux (4-2).

A l'extérieur :
Nul avec : Bastia (2-2), Lille (1-1), Strasbourg (0-0), Nîmes (2-2).
Battu par : Tours (3-2), Bordeaux (2-1), Lyon (1-0), Angers (2-0), Paris S.G. (3-2), Metz (3-2), Valenciennes (4-2), Nantes (4-1), Sochaux (2-1), Nancy (3-0), Nice (2-1), Auxerre (1-0), Monaco (3-0), St-Etienne (1-0), Lens (3-0).

LENS

A domicile :
Bat : Nice (2-0), Bastia (5-0), Tours (3-0), Angers (1-0), Laval (3-0), Sochaux (5-1).
Nul avec : Nîmes (1-1), Nancy (0-0), Auxerre (1-1), Monaco (0-0), St-Etienne (1-1), Nantes (0-0), Lyon (2-2), Lille (0-0), Metz (2-2).
Battu par : Strasbourg (2-1), Bordeaux (1-0), Valenciennes (2-1), Paris S.G. (3-2).

A l'extérieur :
Bat : Sochaux (2-1), Angers (2-1), Metz (2-0), Nancy (2-1).
Nul avec : Tours (1-1), Nîmes (1-1), Nice (1-1), Auxerre (1-1), St-Etienne (0-0).
Battu par : Bordeaux (5-1), Lyon (4-1), Lille (2-1), Valenciennes (1-0), Laval (3-0), Paris S.G. (3-0), Bastia (3-1), Strasbourg (1-0), Monaco (1-0), Nantes (2-0).

LILLE

A domicile :
Bat : Strasbourg (3-0), Lens (2-1), Sochaux (2-1), Bastia (3-1), Monaco (2-1), Nice (3-1), Angers (4-0).
Nul avec : Paris S.G. (2-2), Bordeaux (2-2), Nîmes (0-0), Laval (1-1), Tours (1-1), Nancy (0-0), Lyon (1-1).
Battu par : Auxerre (3-2), Valenciennes (2-1), Metz (1-0), St-Etienne (3-1), Nantes (3-0).

A l'extérieur :
Bat : Monaco (2-1), Nice (2-1), Valenciennes (3-0).
Nul avec : Tours (3-3), Lyon (2-2), Auxerre (2-2), Lens (0-0).
Battu par : Laval (4-2), St-Etienne (3-1), Nantes (4-1), Nancy (2-0), Angers (3-2), Paris S.G. (4-1), Metz (3-0), Bordeaux (2-0), Nîmes (2-1), Sochaux (3-0), Bastia (5-1), Strasbourg (3-2).

LYON

A domicile :
Bat : Monaco (3-2), Laval (1-0), Lens (4-1), Bordeaux (1-0), Nice (5-1), Angers (5-1), Nîmes (4-2), Paris S.G. (2-0), Sochaux (5-1), Nancy (4-2), Bastia (2-1).
Nul avec : Valenciennes (1-1), St-Etienne (1-1), Lille (2-2), Metz (0-0), Nantes (1-1), Strasbourg (0-0).
Battu par : Tours (3-2), Auxerre (3-1).

A l'extérieur :
Bat : Metz (2-0), Nîmes (2-1), Angers (3-1).
Nul avec : Sochaux (2-2), Tours (1-1), Auxerre (2-2), Laval (0-0), Lens (2-2), Lille (1-1), Paris S.G. (2-2).
Battu par : Nantes (2-1), Nancy (3-1), Bastia (2-0), Strasbourg (2-1), Monaco (1-0), St-Etienne (3-2), Bordeaux (3-2), Nice (3-2), Valenciennes (2-1).

METZ

A domicile :
Bat : Bastia (1-0), Laval (3-2), Strasbourg (4-1), Nîmes (2-1), Nancy (2-0), Angers (1-0), Valenciennes (4-2), Lille (3-0), Sochaux (4-2).
Nul avec : Auxerre (2-2), Monaco (1-1), Bordeaux (1-1), Paris S.G. (0-0), St-Etienne (0-0), Nantes (2-2).
Battu par : Lyon (2-0), Lens (2-0), Tours (3-2), Nice (1-0).

A l'extérieur :
Bat : Lille (1-0).
Nul avec : Nice (0-0), Angers (0-0), Paris S.G. (1-1), Tours (1-1), Lyon (0-0), Strasbourg (3-3), Laval (1-1), Lens (2-2), Bordeaux (1-1), Nîmes (3-3).
Battu par : Nancy (2-0), Valenciennes (3-0), St-Etienne (3-0), Nantes (1-0), Sochaux (3-0), Bastia (1-0), Auxerre (4-2), Monaco (2-1).

MONACO

A domicile :
Bat : Angers (2-0), Paris S.G. (4-0), Valenciennes (5-1), Sochaux (2-1), Nantes (2-1), Nice (1-0), Lyon (2-1), Bastia (3-0), Auxerre (2-1), Metz (2-1), Laval (3-0), Lens (1-0), Nîmes (2-1), Nancy (1-0), Strasbourg (3-1).
Nul avec : Tours (1-1), Bordeaux (0-0).
Battu par : St-Etienne (2-1), Lille (2-1).

A l'extérieur :
Bat : Nancy (3-2), Nîmes (3-1), Valenciennes (1-0), Tours (1-0).
Nul avec : Bastia (1-1), Strasbourg (0-0), Auxerre (0-0), Metz (1-1), Laval (3-3), Lens (0-0), Angers (1-1), Paris S.G. (0-0), Sochaux (1-1).
Battu par : Lyon (3-2), Bordeaux (1-0), Lille (2-1), St-Etienne (5-1), Nantes (5-0), Nice (2-1).

NANCY

A domicile :
Bat : Metz (2-0), Nantes (1-0), Nice (3-2), Lyon (3-1), Lille (2-0), Strasbourg (2-0), Auxerre (3-0), Laval (3-0), Nîmes (2-0), Bordeaux (2-0), Bastia (3-0), Angers (2-0), Valenciennes (7-1).
Nul avec : Sochaux (2-2), St-Etienne (0-0), Paris S.G. (2-2).
Battu par : Monaco (3-2), Tours (3-1), Lens (2-1).

A l'extérieur :
Bat : Nîmes (2-1), Auxerre (2-0).
Nul avec : Lens (0-0), Sochaux (1-1), Nice (2-2), Lille (0-0).
Battu par : Laval (1-0), St-Etienne (4-1), Bordeaux (2-0), Bastia (2-1), Angers (2-1), Paris S.G. (2-1), Valenciennes (3-0), Metz (2-0), Nancy (3-0), Tours (1-0), Lyon (4-2), Monaco (1-0), Strasbourg (2-0).

NANTES

A domicile :
Bat : Bordeaux (1-0), Tours (4-3), Lyon (2-1), Lille (4-1), Valenciennes (3-0), Metz (1-0), Laval (4-1), Sochaux (2-1), Nice (4-1), Nancy (3-0), Bastia (2-1), Angers (3-1), Monaco (5-0), Lens (2-0).
Nul avec : Paris S.G. (1-1), Strasbourg (1-1), St-Etienne (1-1), Nîmes (1-1).
Battu par : Auxerre (1-0).

A l'extérieur :
Bat : Nîmes (3-2), Bastia (2-1), Angers (3-0), Strasbourg (2-1), Tours (3-2), Paris S.G. (2-0), Lille (3-0), Sochaux (4-2).
Nul avec : Auxerre (0-0), St-Etienne (0-0), Lens (0-0), Bordeaux (0-0), Lyon (0-0), Valenciennes (3-3), Metz (2-2).
Battu par : Nice (3-2), Nancy (1-0), Monaco (2-1), Laval (2-0).

NICE

A domicile :
Bat : Nantes (3-2), Sochaux (4-2), Bastia (2-1), Valenciennes (4-0), Laval (2-1), Metz (1-0), Lyon (3-2).
Nul avec : Metz (0-0), Nîmes (0-0), Bordeaux (1-1), Paris S.G. (1-1), Angers (2-2), Lens (1-1), Tours (2-2), Nancy (2-2), Sochaux (0-0), Auxerre (0-0).
Battu par : Lille (2-1), St-Etienne (1-0).

A l'extérieur :
Bat : Laval (1-0), Nîmes (3-1), Metz (1-0).
Nul avec : Sochaux (1-1), Angers (1-1).
Battu par : St-Etienne (3-2), Lens (2-0), Tours (1-0), Nancy (3-2), Lyon (5-1), Strasbourg (2-1), Auxerre (3-1), Monaco (1-0), Nantes (4-1), Bordeaux (3-0), Paris S.G. (3-1), Bastia (3-0), Valenciennes (1-0), Lille (3-1).

NIMES

A domicile :
Bat : Bastia (3-2), Strasbourg (4-2), Tours (2-1), Paris S.G. (2-1), Lille (2-1).
Nul avec : Sochaux (0-0), Auxerre (0-0), Lens (1-1), Valenciennes (1-1), Angers (0-0), Metz (3-3), Laval (2-2).
Battu par : Nantes (3-2), Lyon (2-1), Bordeaux (2-0), Nancy (2-1), Monaco (3-1), St-Etienne (1-0), Nice (3-1).

A l'extérieur :
Bat : Angers (2-1).
Nul avec : Lens (1-1), Nice (0-0), Valenciennes (1-1), Lille (0-0), Bordeaux (1-1), St-Etienne (0-0), Nantes (1-1).
Battu par : Tours (4-3), Paris S.G. (3-2), Metz (2-1), Laval (4-0), Sochaux (2-1), Lyon (4-2), Nancy (2-0), Bastia (3-2), Strasbourg (1-0), Auxerre (4-0), Monaco (2-1).

PARIS SAINT-GERMAIN

A domicile :
Bat : Strasbourg (1-0), Valenciennes (3-2), Nîmes (3-2), Laval (3-2), Bordeaux (4-0), Nancy (2-1), Lens (3-0), Lille (4-1), Nice (3-1), Sochaux (3-2), Tours (4-1), Bastia (3-1).
Nul avec : Metz (1-1), St-Etienne (1-1), Monaco (0-0), Lyon (2-2), Angers (2-2).
Battu par : Auxerre (3-2), Nantes (2-0).

A l'extérieur :
Bat : Auxerre (1-0), Tours (2-0), St-Etienne (2-0), Bordeaux (3-1), Lens (3-2).
Nul avec : Angers (1-1), Lille (2-2), Nantes (1-1), Nice (1-1), Metz (0-0), Laval (0-0), Nancy (2-2).
Battu par : Monaco (4-0), Sochaux (4-0), Bastia (2-0), Strasbourg (1-0), Valenciennes (2-0), Lyon (2-0), Nîmes (2-1).

SAINT-ÉTIENNE

A domicile :
Bat : Nice (3-2), Nancy (4-1), Angers (5-0), Lille (3-1), Valenciennes (4-0), Metz (3-0), Sochaux (3-0), Bastia (3-0), Strasbourg (3-0), Auxerre (2-0), Lyon (3-2), Monaco (5-1), Laval (1-0), Bordeaux (2-1).
Nul avec : Nantes (0-0), Nîmes (0-0), Lens (0-0).
Battu par : Tours (2-1), Paris S.G. (2-0).

A l'extérieur :
Bat : Strasbourg (2-0), Auxerre (2-0), Monaco (2-1), Nîmes (1-0), Nice (1-0), Lille (3-1), Valenciennes (1-0), Tours (3-1), Sochaux (2-1).
Nul avec : Lyon (1-1), Paris S.G. (1-1), Laval (0-0), Lens (1-1), Nancy (0-0), Angers (1-1), Metz (0-0), Nantes (1-1).
Battu par : Bordeaux (3-0), Bastia (2-1).

SOCHAUX

A domicile :
Bat : Tours (1-0), Bastia (1-0), Angers (2-0), Paris S.G. (4-0), Metz (3-0), Laval (2-1), Nîmes (2-1), Lille (3-0).
Nul avec : Bordeaux (0-0), Lyon (2-2), Valenciennes (3-3), Nice (1-1), Nancy (1-1), Strasbourg (1-1), Auxerre (1-1), Monaco (1-1).
Battu par : Lens (2-1), Nantes (4-2), St-Etienne (2-1).

A l'extérieur :
Bat : Tours (1-0), Angers (2-1).
Nul avec : Nîmes (0-0), Nancy (2-2), Auxerre (1-1), Bordeaux (0-0), Bastia (1-1), Laval (0-0).
Battu par : Nice (4-2), Strasbourg (2-0), Monaco (2-1), St-Etienne (3-0), Lille (2-1), Nantes (2-1), Lyon (5-1), Paris S.G. (3-2), Valenciennes (2-1), Metz (4-2), Lens (5-1).

STRASBOURG

A domicile :
Bat : Auxerre (1-0), Sochaux (2-0), Tours (4-1), Nice (2-1), Lyon (2-1), Angers (2-0), Paris S.G. (1-0), Valenciennes (3-0), Lens (1-0), Nîmes (1-0), Nancy (2-0), Lille (3-2).
Nul avec : Monaco (0-0), Metz (3-3), Laval (0-0), Bordeaux (1-1), Bastia (1-1).
Battu par : St-Etienne (2-0), Nantes (2-1).

A l'extérieur :
Bat : Valenciennes (2-1), Lens (2-1).
Nul avec : Auxerre (1-1), Sochaux (1-1), Nantes (1-1), Tours (1-1), Nice (0-0), Lyon (0-0), Angers (0-0).
Battu par : Lille (3-0), Paris S.G. (1-0), Metz (4-1), Laval (3-1), Nîmes (4-2), Bordeaux (2-1), Nancy (2-0), Bastia (2-0), St-Etienne (3-0), Monaco (3-1).

TOURS

A domicile :

Bat : Laval (3-2), Nîmes (4-3), Nice (1-0), Nancy (1-0).

Nul avec : Lens (1-1), Lille (3-3), Lyon (1-1), Angers (2-2), Metz (1-1), Bastia (2-2), Strasbourg (1-1).

Battu par : Paris S.G. (2-0), Valenciennes (3-2), Sochaux (1-0), Nantes (3-2), Bordeaux (1-0), Auxerre (4-1), Monaco (1-0), St-Etienne (3-1).

A l'extérieur :

Bat : Nancy (3-1), Bastia (1-0), St-Etienne (2-1), Lyon (3-2), Metz (3-2).

Nul avec : Bordeaux (1-1), Monaco (1-1), Lille (1-1), Nice (2-2), Angers (2-2), Valenciennes (1-1).

Battu par : Sochaux (1-0), Nantes (4-3), Strasbourg (4-1), Auxerre (3-2), Lens (3-0), Nîmes (2-1), Paris S.G. (4-1), Laval (2-0).

VALENCIENNES

A domicile :

Bat : Auxerre (2-0), Metz (3-0), Lens (1-0), Laval (4-2), Nancy (3-0), Paris S.G. (2-0), Sochaux (2-1), Nice (1-0), Lyon (2-1).

Nul avec : Bastia (1-1), Nîmes (1-1), Bordeaux (2-2), Angers (0-0), Nantes (3-3), Tours (1-1).

Battu par : Strasbourg (2-1), Lille (3-0), Monaco (1-0), St-Etienne (1-0).

A l'extérieur :

Bat : Lille (2-1), Tours (3-2), Lens (2-1).

Nul avec : Lyon (1-1), Angers (1-1), Sochaux (3-3), Bastia (1-1), Auxerre (1-1), Nîmes (1-1).

Battu par : Paris S.G. (3-2), Monaco (5-1), St-Etienne (4-0), Nantes (3-0), Nice (4-0), Strasbourg (3-0), Metz (4-2), Laval (2-1), Bordeaux (4-0), Nancy (7-1).

OLAREVIC ET ONNIS, DEUX ÉTRANGERS
Prolifiques

CHAMPIONNAT DE FRANCE DE TROISIÈME DIVISION

NORD

1. Calais, 45 pts ; 2. Amiens, 43 pts ; 3. Creil, 40 pts ; 4. Douai, 39 pts ; 5. Lens, 37 pts ; 6. Poissy, 34 pts ; 7. Valenciennes, 31 pts ; 8. Sedan, 29 points ; 9. Henin, 29 pts ; 10. Hazebrouck, 27 pts ; 11. Lille, 25 pts ; 12. St-Omer, 25 pts ; 13. Senlis, 24 pts ; 14. Romilly, 24 pts ; 15. Dieppe, 19 pts ; 16. St-Quentin, 9 pts.

EST

1. Vauban, 46 pts ; 2. Mulhouse, 46 pts ; 3. Nancy, 36 pts ; 4. Chaumont, 36 pts ; 5. R.C. Strasbourg, 34 pts ; 6. F.C. Strasbourg, 33 pts ; 7. Sochaux, 33 pts ; 8. F.C. Metz, 31 pts ; 9. Blénod, 29 pts ; 10. Talange, 28 pts ; 11. Merlebach, 28 pts ; 12. Belfort, 28 pts ; 13. Hagueneau, 27 pts ; 14. Epinal, 25 pts ; 15. PTT Metz, 13 pts ; 16. Chalons, 7 pts.

OUEST

1. Stade Français, 39 pts ; 2. Stade Brestois, 37 pts ; 3. Nantes, 37 pts ; 4. Paris S.G., 37 pts ; 5. Laval, 33 pts ; 6. Veloce Vannes, 33 pts ; 7. Malakoff, 31 pts ; 8. Paris F.C., 31 pts ; 9. A.S. Brest, 29 pts ; 10. Angers, 29 pts ; 11. UCK Vannes, 28 pts ; 12. Saint-Brieuc, 27 pts ; 13. Lucé, 27 pts ; 14. US Montagnarde, 22 pts ; 15. U.S. Normande, 22 pts ; 16. Alençon, 18 pts.

CENTRE

1. St-Etienne, 44 pts ; 2. Auxerre, 40 pts ; 3. INF Vichy, 40 pts ; 4. Montélimar, 37 pts ; 5. Cuiseaux, 37 pts ; 6. Pont de Cheruy, 34 pts ; 7. Gueugnon, 32 pts ; 8. Montceau, 31 pts ; 9. St-Priest, 30 pts ; 10. Clermont, 27 pts ; 11. Villefranche, 26 pts ; 12. Cournon, 25 pts ; 13. Roanne, 23 pts ; 14. Montferrand, 21 pts ; 15. Le Puy, 18 pts ; 16. Dôle, 15 pts.

CENTRE OUEST

1. Fontainebleau, 44 pts ; 2. La Roche-sur-Yon, 39 pts ; 3. Bordeaux, 38 pts ; 4. Racing CF, 38 pts ; 5. Melun, 35 pts ; 6. Viry, 32 pts ; 7. Bourg-sous-la-Roche, 31 pts ; 8. Meaux, 31 pts ; 9. Poitiers, 30 pts ; 10. Tours, 30 pts ; 11. St-Médard, 28 pts ; 12. Saintes, 24 pts ; 13. La Rochelle, 24 pts ; 14. Le Mans, 21 pts ; 15. Saumur, 19 pts ; 16. Châtellerault, 16 pts.

SUD

1. Toulon, 46 pts ; 2. Alès, 42 pts ; 3. Monaco, 41 pts ; 4. Nice, 37 pts ; 5. Sète, 36 pts ; 6. Hyères, 33 pts ; 7. Bastia, 30 pts ; 8. Albi, 30 pts ; 9. Muret, 27 pts ; 10. St-Cyr, 26 pts ; 11. Orange, 25 pts ; 12. Marseille, 24 pts ; 13. Montauban, 24 pts ; 14. Nîmes, 23 pts ; 15. Arles, 19 pts ; 16. Luzenac, 19 pts.

COUPE DE FRANCE

1/32 de finale

Monaco bat Béziers : 4-1 - Nîmes bat Grenoble : 2-0 - Auxerre bat Besançon : 2-0 - Châteauroux bat Valenciennes : 1-0 - Le Havre bat Laval : 1-0 - Montpellier bat Nice : 1-0 - St-Etienne bat St-Dié : 2-0 - Sochaux bat Limoges : 3-1 - Angers bat Quimper : 0-0 (3 penalties à 1) - Paris S.G. bat Rennes : 2-0 - Martigues bat Lyon 1-1 (5 penalties à 4) - Bastia bat Caen : 3-0 - Strasbourg bat Paris F.C. : 1-0 - Lille bat Calais : 2-0 - Nantes bat Amiens : 1-0 - Tours bat AS Brest : 1-0 - Lens bat FC Yonnais : 1-0 - Bordeaux bat Poitiers : 1-0 - Nancy bat Peleen Morne Rouge : 5-0 - Metz bat St-Chamond : 2-1 - Angoulême bat Libourne : 2-0 - Poissy bat Toulouse : 2-0 - Chiseaux-Louhans bat Ajaccio : 2-1 - Orléans bat Melun : 3-1 - Thionville bat Sedan : 0-0 (4 penalties à 1) - Maubeuge bat Corbeil : 2-0 - Thonon bat CS Moulien : 2-0 - Malakoff bat Haguenau : 2-1 - Valence bat Alès : 2-0 - Pont-de-Cheruy bat St-Tropez : 1-0 - Bourg-sous-la-Roche bat St-Georges : 2-1 - Fécamp bat Friville Escarbotin : 3-1.

1/16 de finale

Bordeaux bat Angers : 4-1 et 6-0 - Lens bat Tours : 2-1 et 2-1 - Nantes bat Paris S.G. : 2-0 et 3-5 - Bastia bat Auxerre : 2-1 et 1-1 - Nancy bat Nîmes : 4-2 et 1-1 - Monaco bat Sochaux : 1-2 et 1-0 - Metz bat Orléans : 0-0 et 2-0 - Lille bat Thonon : 3-1 et 0-1 - St-Etienne bat Valence : 1-0 et 5-0 - Strasbourg bat Fécamp : 3-0 et 4-0 - Le Havre bat Poissy : 0-0 et 1-0 - Angoulême bat Bourg-sous-la-Roche : 1-0 et 1-0 - Montpellier bat Cuiseaux : 2-1 et 3-0 - Thionville bat Pont-de-Cheruy : 2-0 et 3-1 - Martigues bat Malakoff : 1-1 et 0-0 - Châteauroux bat Maubeuge : 3-1 et 5-2.

1/8 de finale

Bastia bat Monaco : 2-0 et 1-2 - St-Etienne bat Nancy : 1-2 et 3-1 - Lens bat Le Havre : 0-1 et 2-0 ap. prol. - Bordeaux bat Nantes : 4-1 et 6-4 - Martigues bat Thionville : 2-2 et 3-0 - Montpellier bat Metz : 1-2 et 1-0 - Lille bat Châteauroux : 0-1 et 2-0 - Strasbourg bat Angoulême : 2-0 et 1-2.

1/4 de finale

Strasbourg bat Bordeaux : 5-1 et 4-0 - Lens bat Lille : 3-1 et 0-1 - St-Etienne bat Montpellier : 2-1 et 1-1 - Bastia bat Martigues : 0-3 et 5-0.

1/2 finales

Saint-Etienne bat Strasbourg : 2-1 et 1-1 - Bastia bat Lens : 2-0 et 1-0.

Finale

Bastia bat St-Etienne : 2-1.

COUPE D'EUROPE DES CLUBS CHAMPIONS

Tour préliminaire

Honved Budapest bat F.C. La Valette : 8-0 et 5-0.

1/16 de finale

F.C. Nantes bat Linfield : 1-0 et 2-0 - F.C. Aberdeen bat Austria Vienne : 1-0 et 0-0 - Banik Ostrava bat I.B.V. Westmanneayjer (Isl.) : 1-1 et 1-0 - Ajax Amsterdam bat Dynamo Tirana : 2-0 et 1-0 - F.C. Bâle bat F.C. Bruges : 1-0 et 4-1 - C.S.C.A. Sofia bat Nottingham Forest : 1-0 et 1-0 - F.C. Liverpool bat Oulu Palloseura (Fin.) : 1-1 et 10-1 - Bayern Munich bat Olympiakos Pirée : 4-2 et 3-0 - Etoile Rouge Belgrade bat Viking Stavanger : 3-2 et 4-1 - Esbjerg bat Hamlstad : 0-0 et 3-2 - Honved Budapest bat Sporting Lisbonne : 2-0 et 1-0 - Szombierki Byton (Pol.) bat Trabzonspor (Tur.) : 1-2 et 3-0 - Spartak Moscou bat Jeunesse Esch (Lux.) : 5-0 et 4-0 - Dynamo Berlin Est bat Apoel Nicosie : 3-0 et 1-2 - Inter Milan bat Universite Craiova : 2-0 et 1-1 - Real Madrid bat Limerick United : 2-1 et 5-1.

1/8 de finale

Inter Milan bat Nantes : 2-1 et 1-1 - Banik Ostrava bat Dynamo Berlin Est : 0-0 et 1-1 - Liverpool bat Aberdeen : 1-0 et 4-0 - CSKA Sofia bat Szombierki Byton : 4-0 et 1-0 - Real Madrid bat Honved Budapest : 1-0 et 2-0 - Spartak Moscou bat Esjberg : 3-0 et 0-2 - Bayern Munich bat Ajax Amsterdam : 5-1 et 1-2 - Etoile Rouge Belgrade bat F.C. Bâle : 0-1 et 2-0.

1/4 de finale

Bayern Munich bat Banik Ostrava : 2-0 et 4-2 - Real Madrid bat Spartak Moscou : 0-0 et 2-0 - Liverpool bat CSKA Sofia : 5-1 et 1-0 - Inter Milan bat Etoile Rouge Belgrade : 1-1 et 1-0.

1/2 finales

Real Madrid bat Inter Milan : 2-0 et 0-1 - Liverpool bat Bayern Munich : 0-0 et 1-1.

Finale

A Paris : Liverpool bat Real Madrid : 1-0.

COUPE DES VAINQUEURS DE COUPE

Tour préliminaire

Celtic Glasgow bat Diosgyor (Hon.) : 6-0 et 2-2 - Benfica bat Altay Izmir : 0-0 et 4-0.

1/16 de finale

Valence bat Monaco : 2-0 et 3-3 - Malmoe bat Partizan Tirana : 1-0 et 0-0 - Dusseldorf bat Salzbourg : 5-0 et 3-0 - West Ham bat Castilla : 3-1 et 5-1 - Timisoara bat Celtic Glasgow : 2-1 et 1-0 - Carl Zeiss Iena bat A.S. Roma : 3-0 et 4-0 - Haugar (Nor.) bat Sion : 1-1 et 2-0 - Tbilissi bat Kastoria : 0-0 et 2-0 - Sparta Prague bat Spora (Lux.) : 6-0 et 6-0 - Waterford bat La Valette : 0-1 et 4-0 - Hvidovre bat Fram Reykjavik : 1-0 et 2-0 - Watershei bat Nicosie : 3-1 et 4-0 - Benfica bat Dynamo Zagreb : 0-0 et 2-0 - Slavia Sofia bat Legia Varsovie : 3-1 et 0-1 - Feyenoord bat Ilves (Fin.) : 3-1 et 4-2 - Newport bat Crusaders : 4-0 et 0-0.

1/8 de finale

Carl Zeiss Iena bat Valence : 3-1 et 0-1 - Newport bat Haugar : 0-0 et 6-0 - Feyenoord bat Hvidovre : 2-1 et 1-0 - Benfica bat Malmoe : 0-0 et 2-0 - Slavia Sofia bat Sparta Prague : 0-2 et 3-0 - Dynamo Tbilissi bat Waterford : 1-0 et 4-0 - Fortuna Dusseldorf bat Watershei : 0-0 et 1-0 - West Ham bat Timisoara : 4-0 et 0-1.

1/4 de finale

Dynamo Tbilissi bat West Ham : 4-1 et 0-1 - Benfica bat Fortuna Dusseldorf : 2-2 et 1-0 - Feyenoord bat Slavia Sofia : 2-3 et 4-0 - Carl Zeiss Iena bat Newport : 2-2 et 1-0.

1/2 finales

Dynamo Tbilissi bat Feyenoord : 3-0 et 0-2 - Carl Zeiss Iena bat Benfica : 2-0 et 0-1.

Finale

A Dusseldorf : Dynamo Tbilissi bat Carl Zeiss Iena : 2-1.

COUPE DE L'UNION EUROPÉENNE

1/32 de finale

Saint-Etienne bat Kuopio Palloseura (Fin.) : 7-0 et 7-0 - Sochaux bat Servette Genève : 2-0 et 1-2 - Turin bat Molenbeek (Bel.) : 2-1 et 2-2 ap. prol. - Hambourg bat Sarajevo : 4-2 et 3-3 - Real Sociedad bat Upjest (Hon.) : 1-1 et 1-0 - Zbrojovka Brno bat Voest Linz : 3-1 et 2-0 - Grasshoppers Zurich bat K.B. Copenhague : 3-1 et 5-2 - AZ 67 bat Red Boys Differdange : 6-0 et 4-0 - Bohemians Prague bat Gijon : 3-1 et 2-1 - Porto bat Dundalk : 1-0 et 0-0 - Juventus bat Panathinaikos : 4-0 et 2-4 - Barcelone bat Sliema Wanderers (Malte) : 2-0 et 1-0 - Dynamo Dresde bat Napredak Krusevac (You.) : 1-0 et 1-0 - B[illegible]vista bat Vasas Budapest : 2-0 et 0-1 - Twente bat Goteborg : 5-1 et 0-2 - Cologne bat Akranes (Isl.) : 4-0 et 6-0 - Lodz bat Manchester United : 1-1 et 0-0 - Lokeren bat Dynamo Moscou : 1-1 et 1-0 - P.S.V. Eindhoven bat Wolverhampton : 3-1 et 0-1 - Dundee bat Slask Wroclaw : 0-0 et 7-2 - Magdebourg bat Moss (Nor.) : 1-0 et 3-2 - Kaiserslautern bat Anderlecht : 1-0 et 2-3 - Francfort-sur-l'Oder bat Ballymena : 1-2 et 3-0 - St-Mirren bat Elfsborg : 2-1 et 0-0 - Stuttgart bat Larnaca : 6-0 et 4-1 - Levski bat Dynamo Kiev : 1-1 et 0-0 - Standard Liège bat Steaua Bucarest : 1-1 et 2-1 - Ipswich bat Aris Salonique : 5-1 et 1-3 - Francfort bat Donetsk : 0-1 et 3-0 - Beroe bat Fenerbahce : 1-0 et 2-1 - Utrecht bat Arges Pitesti : 0-0 et 2-0 - Radnicki Nis bat Linz : 2-1 et 4-1.

1/16 de finale

Sochaux bat Boavista Porto : 2-2 et 1-0 - St-Etienne bat St-Mirren : 0-0 et 2-0 - Radnicki Nis bat Beroe : 1-0 et 2-1 - Ipswich bat Bohemians Prague : 3-0 et 0-2 - F.C. Cologne bat Barcelone : 0-1 et 4-0 - Lokeren bat Dundee : 1-1 et 0-0 - Eintracht Francfort bat Utrecht : 1-2 et 3-1 - Lodz bat Juventus : 3-1 et 1-3 (4 penalties à 1) - Hambourg bat P.S.V. Eindhoven : 1-1 et 2-1 - Standard Liège bat Kaiserslautern : 2-1 et 2-1 - Dynamo Dresde bat Twente Enschede : 1-1 et 0-0 - Torino bat F.C. Magdebourg : 3-1 et 0-1 - VFB Stuttgart bat Francfort-sur-l'Oder : 5-1 et 2-1 - Real Sociedad bat Brno : 1-1 et 2-1 - AZ 67 bat Levski Sofia : 1-1 et 5-0 - Grasshoppers Zurich bat Porto : 0-2 et 3-0.

1/8 de finale

St-Etienne bat Hambourg : 5-0 et 1-0 - Sochaux bat Eintracht Francfort : 2-4 et 2-0 - AZ 67 bat Radnicki Nis : 2-2 et 5-0 - Ipswich bat Lodz : 5-0 et 0-1 - Lokeren bat Real Sociedad : 1-0 et 2-2 - F.C. Cologne bat V.F.B. Stuttgart : 1-3 et 4-1 ap. prol. - Standard Liège bat Dynamo Dresde : 1-1 et 4-1 - Grasshoppers Zurich bat Torino : 2-1 et 1-2.

1/4 de finale

Ipswich bat St-Etienne : 4-1 et 3-1 - Sochaux bat Grasshoppers Zurich : 0-0 et 2-1 - AZ 67 bat Lokeren : 2-0 et 0-1 - Cologne bat Standard Liège : 0-0 et 3-2.

1/2 finales

AZ 67 bat Sochaux : 1-1 et 3-2 - Ipswich bat F.C. Cologne : 1-0 et 1-0.

Finale

Ipswich bat AZ 67 : 3-0 et 2-4.

LA SAISON DE L'ÉQUIPE DE FRANCE

3 septembre 1980, à Paris (Parc des Princes)

France bat Juventus 1-0
43 000 spectateurs

Arbitre : M. Roth (RFA)
But : Zimako (56e).
France : Dropsy puis Baratelli (46e) - Battiston, Specht, Trésor, Bossis - Christophe puis Petit (46e), Larios, Platini - Baronchelli puis Zimako (46e), Roussey puis Lacombe (77e), Amisse.
Juventus : Zoff - Cabrini, Scirea, Gentile, Osti - Brady puis Verza (60e), Furino, Tardelli - Fanna puis Marrochino (73e), Bettega, Causio.

11 octobre 1980, à Chypre

France bat Chypre 7-0
15 000 spectateurs

Arbitre : M. Galler (Suisse)
Buts : Lacombe (4e), Platini (14e et 23e), Larios (40e sur penalty et 76e sur penalty), Six (82e), Zimako (87e).
France : Dropsy - Battiston, Specht, Michel, Bossis - Larios, Tigana puis Petit (52e), Platini - Baronchelli puis Zimako (73e), Lacombe, Six.
Chypre : G. Patzarias - Papacostas, Papadopoulos, Kizas, Erotokritou - Tsingis, N. Patzarias, Mavroudis - Mauris puis Lysandrou (46e), Kaïafas puis P. Theophanous (22e), Kissonergis.

28 octobre 1980, à Paris (Parc des Princes)

France bat Eire 2-0
44 800 spectateurs

Arbitre : M. Lamo Castillo (Esp.)
Buts : Platini (11e), Zimako (77e).
France : Dropsy - Battiston, Specht, Lopez, Bossis - Larios, Tigana, Platini puis Petit (74e) - Rocheteau, Lacombe puis Zimako (66e), Six.
Eire : Peyton - Laugan, Lawrenson, Moran, Hughton - Martin puis Ryan (76e), Brady, Prealish - Robinson, Stapleton, Heighway.

19 novembre 1980, à Hanovre

RFA bat France 4-1
60 000 spectateurs

Arbitre : M. Nyhus (Norv.)
Buts : Kaltz (10e sur penalty), Briegel (37e), Hrubesch (63e), Allofs (88e) pour la RFA, Larios (39e sur penalty) pour la France.
RFA : Schumacher - Kaltz, Foerster, Schuster, Dietz - Votava, Briegel, Muller - Allgower, Hrubesch, K. Allofs.
France : Dropsy - Janvion, Specht, Lopez, Bossis - Larios, Tigana, Platini - Zimako, Rocheteau puis Rouyer (60e), Amisse puis Six (78e).

SIX SUR SON PIED GAUCHE FACE A UN BRÉSILIEN
Adresse

18 FÉVRIER 1981, à Madrid

Espagne bat France 1-0
18 000 spectateurs

Arbitre : M. Jurja (Roumanie)
But : Juanito (86e sur penalty).
Espagne : Arconeda - Camacho, Tendillo, Alesanco, Gordillo - Joaquin puis Quique (46e), Solsona, Zamora - Juanito, Santillana, Rubio.
France : Castaneda - Janvion, Specht, Lopez, Bossis - Christophe puis Tigana (71e), Moizan, Larios, Platini - Baronchelli puis Xuereb (46e), Six.

25 mars 1981, à Rotterdam

Hollande bat France 1-0
65 000 spectateurs

Arbitre : M. Agnolin (Italie)
But : Muhren (47e).
Hollande : Schrijvers - Poortvliet, Krol, Hovenkamp puis Lalling (46e), Ophof - W. Van de Kerkhof, Thijssen, Muhren - R. Van de Kerkhof, Peters puis Stevens (70e), Rep.
France : Dropsy - Janvion, Lopez, Specht, Bossis - Moizan puis Christophe (77e), Larios, Giresse - Rocheteau, Lacombe puis Zimako (63e), Six.

29 avril 1981, à Paris (Parc des Princes)

France bat Belgique 3-2
44 594 spectateurs

Arbitre : M. Sanchez Arminio (Esp.)
Buts : Soler (12e et 31e) et Six (26e) pour la France, Van den Bergh (5e), Ceulemans (52e) pour la Belgique.
France : Dropsy - Janvion, Lopez, Trésor, Bossis - Tigana, Giresse, Genghini - Soler puis Zimako (72e), Rocheteau, Six.
Belgique : Preud'homme - Gerets, Millecamps puis De Wolf (16e), Meeuws, Renquin - Vercauteren puis Verheyen (64e), Van der Eycken, Van Moer, Cluytens - Van den Bergh, Ceulemans.

15 mai 1981, à Paris (Parc des Princes)

Brésil bat France 3-1
47 749 spectateurs

Arbitre : M. Menegali (Italie)
Buts : Zico (21e), Reinaldo (27e), Socrates (52e) pour le Brésil, Six (81e) pour la France.
Brésil : Paulo Sergio - Edevaldo, Oscar puis Edinho (78e), Luizinho, Junior - Cerezon, Socrates puis Vitor (78e), Zico - Paulo Isidoro, Reinaldo puis Cesar (62e), Eder puis Ze Sergio (73e).
France : Dropsy puis Castaneda (46e) - Janvion, Lopez, Trésor puis Specht (23e), Bossis - Tigana, Moizan, Genghini - Rouyer puis Lecornu (78e), Anziani puis Delamontagne (59e), Six.

LE POINT EN COUPE DU MONDE AU 15 JUIN 1981

EUROPE

CLASSEMENT

Groupe 1

Finlande-Bulgarie 0-2 ; Albanie-Finlande 2-0 ; Finlande-Autriche 0-2 ; Bulgarie-Albanie 2-1 ; Autriche-Albanie 5-0 ; Bulgarie-RFA 1-3 ; Albanie-Autriche 0-1 ; Albanie-RFA 0-2 ; RFA-Autriche 2-0 ; Bulgarie-Finlande 4-0 ; Finlande-RFA 0-4 ; Autriche-Bulgarie 2-0.

	Pts	J.	G.	N.	P.	p.	c.	Diff.
1. RFA	8	4	4	0	0	11	1	10
2. Autriche	8	5	4	0	1	10	2	8
3. Bulgarie	6	5	3	0	2	9	6	3
4. Albanie	2	5	1	0	4	3	10	— 7
5. Finlande	0	5	0	0	5	0	14	—14

Groupe 2

Chypre-Eire 2-3 ; Eire-Hollande 2-1 ; Chypre-France 0-7 ; Eire-Belgique 1-1 ; France-Eire 2-0 ; Belgique-Hollande 1-0 ; Eire-Chypre 6-0 ; Chypre-Belgique 2-3 ; Hollande-Chypre 3-0 ; Hollande-France 1-0 ; Belgique-Eire 1-0 ; France-Belgique 3-2 ; Chypre-Hollande 0-1.

	Pts	J.	G.	N.	P.	p.	c.	Diff.
1. Belgique	9	6	4	1	1	10	6	4
2. Eire	7	6	3	1	2	12	7	5
3. France	6	4	3	0	1	12	3	9
4. Hollande	6	5	3	0	2	6	3	3
5. Chypre	0	7	0	0	7	4	25	—21

Groupe 3

Islande-Pays de Galles 0-4 ; Islande-URSS 1-2 ; Turquie-Islande 1-3 ; URSS-Islande 5-0 ; Pays de Galles-Tchécoslovaquie 1-0 ; Pays de Galles-Turquie 4-0 ; Tchécoslovaquie-Turquie 2-0 ; Turquie-Pays de Galles 0-1 ; Turquie-Tchécoslovaquie 0-3 ; Tchécoslovaquie-Islande 6-1 ; Pays de Galles-URSS 0-0.

	Pts	J.	G.	N.	P.	p.	c.	Diff.
1. Galles	9	5	4	1	0	10	0	10
2. Tchécoslovaquie	6	4	3	0	1	11	2	9
3. URSS	5	3	2	1	0	7	1	6
4. Islande	2	5	1	0	4	5	18	—13
5. Turquie	0	5	0	0	5	1	13	—12

Groupe 4

Angleterre-Norvège 4-0 ; Norvège-Roumanie 1-1 ; Roumanie-Angleterre 2-1 ; Suisse-Norvège 1-2 ; Angleterre-Suisse 2-1 ; Suisse-Hongrie 2-2 ; Angleterre-Roumanie 0-0 ; Hongrie-Roumanie 2-1 ; Norvège-Hongrie 1-2 ; Suisse-Angleterre 2-1 ; Roumanie-Norvège 1-0 ; Hongrie-Angleterre 1-3.

	Pts	J.	G.	N.	P.	p.	c.	Diff.
1. Roumanie	6	5	2	2	1	4	3	1
2. Angleterre	5	5	2	1	2	8	5	3
3. Hongrie	5	3	2	1	0	5	3	2
4. Suisse	3	4	1	1	2	6	7	—1
5. Norvège	3	5	1	1	3	4	9	—5

Groupe 5

Luxembourg-Yougoslavie 0-5 ; Yougoslavie-Danemark 2-1 ; Luxembourg-Italie 0-2 ; Danemark-Grèce 0-1 ; Italie-Danemark 2-0 ; Danemark-Luxembourg 4-0 ; Italie-Yougoslavie 2-0 ; Grèce-Italie 0-2 ; Grèce-Luxembourg 2-0 ; Luxembourg-Grèce 0-2 ; Luxembourg-Danemark 1-2 ; Yougoslavie-Grèce 5-1 ; Danemark-Italie 3-1.

	Pts	J.	G.	N.	P.	p.	c.	Diff.
1. Italie	8	5	4	0	1	9	3	6
2. Yougoslavie	6	4	3	0	1	12	4	8
3. Danemark	6	6	3	0	3	10	7	3
4. Grèce	6	5	3	0	2	6	7	— 1
5. Luxembourg	0	6	0	0	6	1	17	—16

Groupe 6

Israël-Irlande du Nord 0-0 ; Suède-Israël 1-1 ; Suède-Ecosse 0-1 ; Irlande du Nord-Suède 3-0 ; Ecosse-Portugal 0-0 ; Israël-Suède 0-0 ; Portugal-Irlande du Nord 1-0 ; Israël-Ecosse 0-1 ; Ecosse-Irlande du Nord 1-1 ; Irlande du Nord-Portugal 1-0 ; Ecosse-Israël 3-1 ; Suède-Irlande du Nord 1-0.

	Pts	J.	G.	N.	P.	p.	c.	Diff.
1. Ecosse	8	5	3	2	0	6	2	4
2. Irlande du Nord	6	6	2	2	2	3	5	—2
3. Portugal	5	4	2	1	1	4	1	3
4. Suède	4	5	1	2	2	2	5	—3
5. Israël	3	6	0	3	3	2	8	—6

Groupe 7

Malte-Pologne 0-2 ; Malte-RDA 1-2 ; Pologne-RDA 1-0.

	Pts	J.	G.	N.	P.	p.	c.	Diff.
1. Pologne	2	1	1	0	0	1	0	1
2. RDA	2	2	1	0	1	2	2	0
3. Malte	0	1	0	0	1	1	2	—1

CLASSEMENT

AMÉRIQUE DU SUD

Groupe 1

Venezuela-Brésil 0-1 - Bolivie-Venezuela 3-0 - Bolivie-Brésil 1-2 - Venezuela-Bolivie 1-0 - Brésil-Bolivie 3-1 - Brésil-Venezuela 5-0.

	Pts	J.	G.	N.	P.	p.	c.	Diff.
1. Brésil	8	4	4	0	0	11	2	9
2. Bolivie	2	4	1	0	3	5	6	—1
3. Venezuela	2	4	1	0	3	1	9	—8

Groupe 3

Equateur-Paraguay 1-0 - Equateur-Chili 0-0 - Paraguay-Chili 0-1 - Paraguay-Equateur 3-1.

	Pts	J.	G.	N.	P.	p.	c.	Diff.
1. Chili	3	2	1	1	0	1	0	1
2. Equateur	3	3	1	1	1	2	3	—1
3. Paraguay	2	3	1	0	2	3	3	0

CONCACAF

Zone Nord

Canada-Mexique 1-1 - Etats-Unis-Canada 0-0 - Canada-Etats-Unis 2-1 - Mexique-Etats-Unis 5-1 - Mexique-Canada 1-1 - Etats-Unis-Mexique 2-1.

	Pts	J.	G.	N.	P.	p.	c.	Diff.
1. Canada	5	4	1	3	0	4	3	1
2. Mexique	4	4	1	2	1	8	5	3
3. Etats-Unis	3	4	1	1	2	4	8	—4

Zone Caraïbes

Groupe A

Cuba-Surinam 3-0 - Surinam-Cuba 0-0 - Guyane-Surinam 0-1 - Surinam-Guyane 4-0 - Cuba-Guyane 1-0 - Guyane-Cuba 0-3.

	Pts	J.	G.	N.	P.	p.	c.	Diff.
1. Cuba	7	4	3	1	0	7	0	7
2. Surinam	6	4	2	2	1	5	3	2
3. Guyane	0	4	0	0	4	0	9	—9

Groupe B

Haïti-Trinidad et Tobago 2-0 - Trinidad et Tobago-Haïti 1-0 - Antilles Néerlandaises-Haïti 1-1 - Haïti-Antilles Néerlandaises 1-0 - Trinidad et Tobago-Antilles Néerlandaises 0-0 - Antilles Néerlandaises-Trinidad et Tobago 0-0.

	Pts	J.	G.	N.	P.	p.	c.	Diff.
1. Haïti	5	4	2	1	1	4	3	1
2. Trinidad	4	4	1	2	1	1	2	—1
3. Antilles Néerlandaises	3	4	0	3	1	1	2	—1

Zone centrale

Panama-Guatemala 0-2 - Panama-Honduras 0-2 - Panama-Costa Rica 1-1 - Panama-El Salvador 1-3 - Costa Rica-Honduras 2-3 - El Salvador-Panama 4-1 - Guatemala-Costa Rica 0-0 - Honduras-El Salvador 2-0 - Honduras-Guatemala 0-0 - El Salvador-Costa Rica 2-0 - Costa Rica-Panama 2-0 - Guatemala-El Salvador 0-0 - Guatemala-Panama 5-0 - Honduras-Costa Rica 1-1 - El Salvador-Honduras 0-2 - Costa Rica-Guatemala 0-3 - Guatemala-Honduras 0-1 - Costa Rica-El Salvador 0-0 - Honduras-Panama 5-0 - El Salvador-Guatemala 1-0.

	Pts	J.	G.	N.	P.	p.	c.	Diff.
1. Honduras	14	8	6	2	0	16	3	13
2. Salvador	12	8	5	2	1	10	6	4
3. Guatemala	9	8	3	3	2	10	2	8
4. Costa Rica	6	8	1	4	3	6	19	—13
5. Panama	1	8	0	1	7	3	24	—21

ASIE OCÉANIE

Groupe 1

Indonésie, Australie, Fidji, Nouvelle-Zélande, Taïwan.

Déjà joués :

Nouvelle-Zélande-Australie 3-3 - Taïwan-Nouvelle-Zélande 0-0 - Nouvelle-Zélande-Taïwan 2-0.

Groupe 3

Koweït, Iran (forfait), Thaïlande, Malaisie, Corée du Sud.

Déjà joués :

Malaisie-Corée du Sud 1-2 - Koweït-Thaïlande 6-0 - Corée du Sud-Thaïlande 5-1.

Groupe 4

Chine-Hong Kong 1-0 - Corée du Nord-Macao 2-0 - Japon-Singapour 1-0 - Chine-Macao 3-0 - Corée du Nord-Singapour 1-0 - Japon-Macao 3-0 - Corée du Nord-Hong Kong 2-2 - Chine-Japon 1-0.

Demi-finales

Corée du Nord-Japon 1-0 ap. prol. - Chine-Hong Kong 0-0 (5 penalties à 4).

Finale

Chine-Corée du Nord 4-2 ap. prol.

Groupe 2

Qatar-Iraq 0-1 - Syrie-Bahreïn 0-1 - Iraq-Arabie Saoudite 0-1 - Qatar-Bahreïn 3-0 - Syrie-Arabie Saoudite 0-2 - Iraq-Bahreïn 2-0 - Qatar-Syrie 2-1 - Bahreïn-Arabie Saoudite 1-2 - Iraq-Syrie 2-1 - Qatar-Arabie Saoudite 0-1.

	Pts	J.	G.	N.	P.	p.	c.	Diff.
1. Arabie	8	4	4	0	0	6	1	5
2. Iraq	6	4	3	0	1	5	2	3
3. Qatar	4	4	2	0	2	5	3	2
4. Bahreïn	2	4	1	0	3	2	7	—5
5. Syrie	0	4	0	0	4	2	7	—5

AFRIQUE

1er tour :
Maroc bat Sénégal 1-1 et 1-0 - Zaïre bat Mozambique 5-2 et 2-1 - Cameroun bat Malawi 3-0 et 1-1 - Guinée bat Lésotho 3-1 et 1-1 - Nigeria bat Tunisie 2-0 et 2-0 - Libye bat Gambie 2-1 et 0-0 - Zambie bat Ethiopie 0-0 et 4-0 - Algérie bat Sierra Leone 2-2 et 3-1 - Tanzanie bat Kenya 1-3 et 5-0 - Niger bat Somalie 0-0 et 1-1 - Madagascar bat Ouganda par forfait - Egypte bat Ghana par forfait.
Exempts du 1er tour : Soudan, Libéria, Togo, Zimbabwe.

2e tour :
Maroc bat Zambie 2-0 et 2-0 (5 penalties à 4) - Cameroun bat Zimbabwe 2-0 et 1-0 - Nigeria bat Tanzanie 1-1 et 2-0 - Zaïre bat Madagascar 1-1 et 3-2 - Guinée bat Liberia 0-0 et 1-0 - Egypte bat Libye par forfait - Niger bat Togo 0-1 et 2-1 - Algérie bat Soudan 2-0 et 1-1.

Quarts de finale
Algérie bat Niger 4-0 et 0-1 - Nigeria bat Guinée 1-1 et 1-0 - Maroc bat Egypte 1-0 et 0-0 - Cameroun bat Zaïre 0-1 et 6-1.

Demi-finales
(les deux vainqueurs qualifiés pour l'Espagne)
Nigeria-Algérie
Maroc-Cameroun

ORIGINE DES DOCUMENTS PHOTOGRAPHIQUES NOIR/BLANC

Presse Sports : pages 6 B, 9, 11, 12, 14 H, 16, 17, 25, 31, 35, 37, 39, 42, 43, 44, 45, 48 H, 54, 63, 71, 79, 80, 83, 89, 90, 91, 92, 99, 102, 103, 104, 105, 114, 115, 121.

SAM/Platiau : pages 6 H, 20, 27, 56, 86, 96 H et B, 98, 123.

SAM/Joch : pages 29, 33.

SAM/Stan Perec : pages 65, 66, 67, 70, 72, 74.

SAM : pages 14 B, 24, 58, 62, 111.

PADOGIS : page 106.

PARISPORT/Wojazer : page 84.

PARISPORT/Collin : pages 41, 48 B, 88, 93.

PARISPORT/Chase : page 113 H.

Présidence de la République française : page 23.

ORIGINE DES DOCUMENTS PHOTOGRAPHIQUES COULEUR

SAM/Platiau : pages 18, 19, 26, 68, 69, 100, 108, 109.

SAM : page 30.

Presse Sports : pages 34, 46, 47.

PARISPORT/Collin : pages 76-77.

Couverture : SAM/Platiau.

Maquette : Michel Bai

Achevé d'imprimer sur les presses de Bernard Neyrolles - Imprimerie Lescaret, à Paris, le 21 juillet 1981.

Numéro d'éditeur : 872

ISBN 2-263-00552-8